Carl Krafft

Beiträge zur Geschichte des Humanismus am Niederrhein und in Westfalen

Carl Krafft

Beiträge zur Geschichte des Humanismus am Niederrhein und in Westfalen

ISBN/EAN: 9783743391833

Hergestellt in Europa, USA, Kanada, Australien, Japan

Cover: Foto ©ninafisch / pixelio.de

Weitere Bücher finden Sie auf www.hansebooks.com

Beiträge
zur
Geschichte des Humanismus
am
Niederrhein und in Westfalen
von
Pastor Carl Krafft und Dr. Wilh. Crecelius.

Erstes Heft.

Elberfeld, 1870.

Gedruckt bei Sam. Lucas in Elberfeld.

Special-Abdruck
aus der Zeitschrift des Bergischen Geschichts-Vereins VII.

Die Werke des Johannes Butzbach, Prior im Kloster Laach, welche sich handschriftlich in der Universitäts-Bibliothek zu Bonn befinden, enthalten nicht unwichtige Beiträge zur Geschichte der Entwickelung und Ausbreitung des Humanismus und der klassischen Studien am Niederrhein und in Westfalen. Der gelehrte Benedictiner von Laach erzählt uns sein eigenes Schülerleben zu Deventer, wo er unter der Leitung von Alexander Hegius und dessen Mitarbeitern und Nachfolgern sich den Studien widmete, und berichtet über eine ganze Reihe seiner Mitschüler und über viele gleichzeitige Humanisten und Gelehrte in der Nähe und Ferne.

Wir haben in der Zeitschrift des Bergischen Geschichtsvereins Alles aus Butzbachs Werken, was sich auf das nordwestliche Deutschland bezieht, soweit es in dieser Hinsicht von Interesse sein kann, mitgetheilt. Bei der Aufmerksamkeit, welche man jetzt vielfach dem Gegenstande widmet, hielten wir es für angemessen, diese Veröffentlichungen auch durch einen Specialabdruck denjenigen Kreisen zugänglich zu machen, zu welchen die genannte Zeitschrift nicht bringt. Daß theilweise dem lateinischen Texte eine deutsche Uebersetzung beigegeben ist, beruht auf dem mehrfach von Mitgliedern des Bergischen Geschichtsvereins lautgewordenen Wunsche, wichtigere Mittheilungen in lateinischer Sprache in dieser Weise auch für solche verständlich und zugänglich zu machen, welche das Latein nicht, oder nicht ausreichend verstehen.

Elberfeld, am 3. December 1870.

Aus Joannis Murmellij Ruremundensis liber tertius Elegiarum moralium. Ad Rodolphum Langium Elegia prima, quod poetarum fama sit immortalis.

Quanquam sum pauper, quanquam de sanguine plebis,
    Mansurum nomen spero, Rodolphe, meum.
Sunt pro diuitijs mihi clari munera Phebi,
    Nobilitat famam Calliopea fauens.
Quisquis amat Musas, longum sibi prorogat euum:
    Emoritur vulgus, morte poeta caret. — —
Te quoque summa manent laudum preconia, Langi,
    Non etas nomen nesciet vlla tuum.
Aequiparas Flaccum lyrici modulamine cantus,
    Cum Marie laudes et pia gesta refers.
Delectas vario studiosa poemate corda
    Pindaricoque crucis carmine sacra canis
Et Paulum celebras et mystica dona magorum
    Quoque ferum repulit Nussia Marte Ducem,
Nussia qu'od veteres dixere Nouesium, abunde
    Clara, vt Belgarum fortiter arma tulit.
Buschius Aonio satiatus pectora fonte
    Uersibus est patrie gloria magna sue. —
Me quoque (ni fallor) vulgabit garrula fama
    Nec metuent blattas carmina nostra truces.

Mittheilungen über Alexander Hegius
und seine Schüler, sowie andere gleichzeitige Gelehrte, aus den Werken des Johannes Butzbach, Priors des Benedictiner-Klosters am Laacher See.

Vorbemerkung.

Der Prior des Benedictiner-Klosters zu Laach, Johannes Butzbach aus Miltenberg, welcher dort, wahrscheinlich 1526, im Alter von 48 Jahren gestorben ist, hat in Verbindung mit seinem Freunde, dem Ordensgenossen und Klosterbruder zu Laach Jakob Siberti aus Münstereifel, in den Jahren 1508—1513 als Nachtrag zu Tritheims Werk de Scriptoribus Ecclesiasticis unter dem Titel „Auctarium Joan. Boutzbachii de Scriptoribus Ecclesiasticis" eine Literargeschichte hauptsächlich seiner Zeit niedergeschrieben, welche in kurzen Angaben des Namens, des schriftstellerischen Charakters und der Werke der Autoren besteht. Es sind mehr als eilfhundert Namen aus den verschiedenen Ländern Europas, auf welche von der stillen und reizenden Einsamkeit ihres Klosters aus die Benedictiner ihre Aufmerksamkeit gerichtet haben. Obgleich nun schon vor 44 Jahren der bekannte Kirchenhistoriker Gieseler[1] auf den geschichtlichen Werth der umfangreichen Laacher Handschriften auf der Bonner Universitätsbibliothek aufmerksam gemacht hat, obgleich ferner die Mittheilungen Delprats über Hegius als aus dieser Quelle herrührend bekannt geworden sind, so ist doch erst in der jüngsten Zeit

---

[1] Gieseler in dem Festprogramm zur Geburtstagsfeier des Königs 1826: Symbolae ad historiam monasterii Lacensis ex codicibus Bonnensibus depromptae, und in dem Aufsatz: Jacobi Siberti Monachi Lacensis de calamitatibus huius temporis liber (in dem Kirchenhistorischen Archiv von Stäudlin, Tschirner und Baier. Halle, 1826, Heft 2).

durch) den verstorbenen Herausgeber der Werke Huttens **Böcking** in seinem Commentar zu den epistolae obscurorum virorum[1]) ein umfassenderer Auszug daraus gemacht worden, indem die Lebensskizzen der meisten in den epp. obsc. vir. vorkommenden Männer mitgetheilt werden[2]).

Da die Herausgabe des ganzen Werkes zunächst nicht zu erwarten steht — es müßten sich dazu mehrere vaterländische Geschichtsvereine die Hand reichen — so geben wir hier einige Auszüge über die in den Gesichtskreis des Laacher Priors getretenen Rheinischen und Westfälischen Gelehrten, namentlich über die Genossen und Schüler des Hegius, in dessen Schule Butzbach kurze Zeit gesessen hat.

Die Namen von Männern aus den Schulkreisen zu Deventer, Emmerich, Wesel u. a., die fast völlig unbekannt geworden sind, liefern den Beweis, wie sehr die Kenntnis dieser Verhältnisse bisher fast nur auf Hamelmanns Angaben beruhte, der seine Aufzeichnungen fast 60 Jahre später als Butzbach gemacht hat, während der letztere noch viele Erscheinungen kennt, die zu Hamelmanns Zeiten schon vergessen waren. Leider vermissen wir unter den Aufzeichnungen Butzbachs eine besondere Mittheilung über **Rudolf von Langen** zu Münster, während über die bisher ziemlich dunkel gebliebene Persönlichkeit des Canonicus **Peter von Aachen** zu Münster und dessen Richtung näherer Aufschluß gegeben wird.

Als Butzbach nach einem merkwürdigen, äußerst bewegten Jugendleben[3]) an den Ufern des Laacher Sees seine Notizen niederschrieb, die sich auf das ganze damalige Europa erstreckten, scheint er keine Ahnung von den bald eintretenden geistigen Kämpfen der Reformationszeit gehabt zu haben. Durch seine Mittheilungen geht ein, unsere Zeitgenossen vielfach beschämender Geist liebevoller Anerkennung und echter Humanität hindurch, dem es Freude macht, das Gute bei dem Nächsten anzuerkennen, eine Eigenschaft, die wir in ihm um so mehr hochschätzen müssen, als es ihm in dem eigenen Kloster nicht an Gegnern fehlte, welche sein

---

[1]) In: tomi posterioris pars altera (Lips. 1870) des Supplements zu Huttens Werken. Die Handschriften von den Werken der beiden Freunde Butzbach und Siberti hat Klette (Catal. chirogr. in bibl. Bonn. servatorum 1859 sq. p. 97—100) und Böcking (l. c. II, 2, 437 ff. und 467 f.) beschrieben. Bei D. J. Becker (Chronica eines fahrenden Schülers oder Wanderbüchlein des Johannes Butzbach. Aus der lateinischen Handschrift übersetzt und mit Beilagen vermehrt. Regensburg, 1869) sind Butzbachs Werke S. 263—277 aufgeführt.

[2]) Es fehlen aber auch einige bedeutendere Namen z. B. Arnold von Tongern.

[3]) Dasselbe hat Butzbach in seinem Hodoeporicon oder Wanderbuch ausführlich beschrieben. Uebersetzt hat dieses D. J. Becker (Titel siehe oben Note 1). Einen kurzen Auszug giebt O. Jahn „Bildungsgang eines deutschen Gelehrten am Ausgang des 15. Jahrhunderts" in den Populären Aufsätzen (Bonn, 1868).

Streben verdächtigten und bekämpften. Möge es dem edlen Manne in seinen letzten, durch andauernde Krankheit heimgesuchten Lebensjahren, in welchen er sich mit Eifer zu dem Studium der heiligen Schrift gewandt hat, vergönnt gewesen sein, aus der Humanität in die Divinität hindurchzubringen, von welcher der Apostel Petrus Zeugnis gibt (2. Petr. 1, 4).

Joh. Butzbachs Aufenthalt in Deventer.

Bevor wir die Biographien aus dem Auctarium abdrucken lassen, theilen wir noch eine Stelle aus dem Hodoeporicon des Butzbach mit, in welcher derselbe seinen Aufenthalt auf der Schule in Deventer beschreibt. Wir gewinnen dadurch einen Einblick in das Leben und Lernen daselbst und es wird uns die Stätte näher bekannt, auf der die meisten derjenigen Männer wirkten oder von der aus sie unmittelbar oder mittelbar angeregt wurden, deren Biographien nachher folgen.

Als Laienbruder in dem Kloster Johannisberg im Rheingau fühlt sich Johannes gedrungen, die früher unterbrochenen Studien wieder aufzugreifen und wird von den jüngeren Brüdern auf Deventer hingewiesen.

Acceptis ergo, erzählt er, ab vno seniore, Petro Slarpio nomine, viro valde studioso et litterato commendaticijs litteris, ad Allexandrum Hegium Dauentriensem gymnasiarcham prouenio: abbate multum contradicente et penitus de profecto [so!] aliquo desperante. Vbi autem examinatus nil respondere possem, propter litteras tamen, quas ad se missas pro mea promocione valde exacto sermone mirabatur, ad septimum locor ordinem prima grammatices rudimenta cum infantibus disciturus. Cito vero fame frigore et inedia compulsus derelicto cepto studio cum quibusdam ad hoc me impellentibus inde recedo.

Also mit einem Empfehlungsschreiben versehen von einem der älteren Brüder, Namens Peter Slarp, einem sehr fleißigen und wissenschaftlich gebildeten Mann, ziehe ich zu dem Vorstand des Gymnasiums in Deventer, Alexander Hegius: obwol der Abt gar nicht damit einverstanden war und an dem Erfolg meines Vorhabens durchaus verzweifelte. In der Prüfung konnte ich zwar keine Antwort geben; allein weil das Schreiben, welches mir zu meiner Empfehlung mitgegeben war, wegen seines sorgfältigen Stils Bewunderung erregte, setzte man mich in die siebente Klasse, wo ich mit den kleinen Knaben die ersten Elemente der Grammatik lernen sollte. Rasch aber brachten mich Hunger, Kälte und Mangel dahin, daß ich meinen Vorsatz aufgab und mit einigen andern, die mir besonders dazu riethen, wieder abzog.

Johannes kehrt in sein Kloster zurück, entschlossen an seinem Stande sich genügen zu lassen. Allein seine Mutter kann sich noch nicht zufrieden geben, daß ihr Sohn es nicht weiter als zum Lolhard (Laienbruder) bringen soll. Sie sucht ihn auf und trifft ihn in Frankfurt, wohin er gerade mit dem Abte gereist war. Den ganzen Tag bringt sie in diesen mit flehentlichen Bitten, er möge ihren Johannes doch noch einmal zur Schule schicken. Als ihre Bitten keine Erhörung finden, steckt sie dem Sohne heimlich Geld zu und fordert ihn auf, auch gegen den Willen des Abtes wegzuziehen. Indes dazu konnte sich Johannes nicht entschließen; um so freudiger wird er überrascht, als der Abt nun aus eigenem Antrieb ihn mit Segenswünschen für das Studium entläßt und ihm den Rücktritt ins Kloster nach Absolvirung derselben freistellt. Johannes besucht zunächst seine Eltern und begibt sich dann[1]), mit 5—6 Gulden ausgestattet, nach Deventer. Hören wir ihn weiter erzählen:

Ibi rursus examinatus a rectore ad octauum deputor locum. In quo cum septem alijs grandeuis socijs positus fui, qui ex tumultu peditum territi ad studium se contulerant: nimirum septem milia ante paucos dies do ciuitate obsessa per episcopum Traiectensem et ducem Gelrensem profligati et centum capitali supplicio adiudicati erant, quos eadem die aduentus mei cum duobus precedentibus trucidatos in altis rotis sedere vidi. Predicti vero mei consessores cum magis timore pene quam amore discendi sese ad litterarum exercitium dedissent, pauci perseuerarunt, obtusitate ingenij non parum eis obsistente, quam diligenti studio noctes atque dies permolliri satagebam.	Von Neuem prüft mich der Rector und setzt mich in die achte Klasse, in welcher ich mit sieben andern schon bejahrten Genossen saß, die aus Angst in Folge eines Aufstands des Fußvolks sich zum Studium gewandt hatten. Wenig Tage vorher nämlich waren 7000 vor einer belagerten Stadt durch den Bischof von Utrecht und den Herzog von Gelbern niedergeworfen und 100 zum Tode verurtheilt worden, die am Tage meiner Ankunft und den zwei vorhergehenden hingerichtet wurden und welche ich noch auf dem Rabe liegen sah. Meine ebenerwähnten Mitschüler hatten sich also mehr aus Furcht vor der Strafe denn aus Liebe zum Lernen auf das Studium geworfen und so verharrten nur einzelne dabei, indem ihnen die Schwerfälligkeit ihres Geistes nicht wenig darin hinderlich war, welche ich durch fleißiges Studieren bei Tag und Nacht zu überwinden mich bestrebte.

---

[1]) Herbst 1496.

In octauo igitur loco paruo tempore positus, dimissis illis socijs (quorum vnus in ea (so!) quatuor locatus annis nondum congrue legere didicerat, quamuis apud eiusdem loci lectorem habitans multas expensas inutiliter consumpsisset), ego transiliendo septimum in ordine locum ascendendi ad sextum breue conscendi: de quo rursus tempore paschali ad quintum perueni. In quo constitutus locum obtinco apud fratres in domo pauperum, ad quam nullus, nisi quinti loci et intencione monachandi fuerit, tunc temporis recipiebatur. Habebam autem in oppido apud quendam canonicum, qui et prepositus erat Zutphaniensis, necessitatis tempore liberum introitum: quem ante ingressum domus fratrum in oppido cum quodam deuotissima virgine habitans consequutus eram magnis interdum obsequijs familie eius et precipue principaliori suo famulo ex diocesi Maguntinensi oriundo prompte parendo. Preter illum quoque plures apud alios obtinui, quorum beneficio a miseria necessitatis tempore indigus refocillabar. Multa tamen et varia perpessus sum ibi infirmitatum incomoda: que etiam me ad litterarum studium propensius interdum impellebant insistendum; nonnunquam vero a discendi proposito impacientem aduersitatis me prorsus retrahere laborabant. Nam, vt mihi videre videbar, in omni

So blieb ich denn nur kurze Zeit auf der achten Klasse; meine Genossen wurden entlassen (einer von ihnen, welcher vier Jahre darin saß, hatte nur nothdürftig lesen gelernt, obwol er bei einem Lehrer seiner Klasse wohnte und viele Kosten ohne Erfolg darauf verwendet hatte), ich übersprang die siebente Klasse und stieg bald in die sechste auf, und aus dieser wiederum zu Ostern in die fünfte. In der letzteren bekomme ich eine Stelle bei den Brüdern[1]) in dem Armenhause, in welches damals Keiner aufgenommen wurde, der nicht in der fünften Klasse saß und die Absicht hatte Mönch zu werden. Ich hatte übrigens auch in der Stadt bei einem Canonicus, der zugleich Propst in Zütphen war, in Zeiten der Noth freien Zugang. Ich wohnte nämlich vor meinem Eintritt ins Bruderhaus bei einer gottesfürchtigen Jungfrau in der Stadt, und erlangte jene Vergünstigung, indem ich den Dienstleuten des Propstes mich gefällig erwies und namentlich seinem Hauptdiener — derselbe stammte aus der Diözese Mainz — bereitwillig zur Hand war. Außerdem fand ich auch noch andere, welche mich in Zeiten der Noth durch ihre Wohlthaten vor dem Elend und Mangel zu schützen suchten. Denn ich hatte durch Schwachheit und Krankheit viele und manigfache Beschwerden auszuhalten. Diese trieben mich bisweilen zu einem um so eifrigeren Verharren beim

---

[1]) Gemeint sind die Brüder des gemeinsamen Lebens, deren Genossenschaft durch Gerhard Groote († 1384) gestiftet wurde.

vita nusquam locorum maiores celi insalubritates et aeris inclemencias perpessus antea fueram. Quottidianis siquidem infirmitatum molestijs adeo sedulo vexabar, vt dimisso studio nil aliud quam locum ipsum cum incolis deserere et ad officium manuale rursus me conferre cogitarem.

Stubium an, manchmal aber machten sie mich doch ungedulbig, und hätten mich fast von dem Vorsatz zu lernen zurückgebracht. Denn es kam mir so vor, als hätte ich in meinem ganzen Leben nirgendswo ein ungesunderes Klima und eine rauhere Luft ausstehen müssen. Täglich suchten mich die Beschwerden in Folge von Krankheit heim und zwar so unabläfsig, daß ich an nichts anderes dachte, als mein Stubium aufzugeben und den Ort sammt seinen Bewohnern zu verlassen, um wieder zu dem Handwerk zurückzukehren.

Johannes erzählt nun weiter von den Krankheiten, die ihn heimsuchten: Fieber, Geschwüre an allen Körpertheilen, Halsentzündung (squinantie tumor iste videlicet in collo), Krätze, Geschwulst der Füße u. s. w. und spricht seine Freude darüber aus, daß er trotz aller Anfechtungen das Stubium nicht wieder unterbrochen habe. Dann fährt er — nach einer Digression über Deventer und dessen Schule, die wir weiter unten mittheilen — folgendermaßen fort:

De quinto itaque loco, postquam dimidium per annum sub prestantissimo viro Domino Gotfrido, vtriusque iuris baccalaureo et artium magistro, in eo consedi, ad quartum examinatus ascendi: in quo sub studioso et apprime erudito magistro Joanne de Venray annum feci, quo reuoluto ad tertium licet immeritus attigi. Preerat autem huic tunc loco magister Bartholomeus de Colonia, homo admodum et studiosus et doctus, quippe cuius et carmina et prosam doctissimi quique mirantur viri et summis extollunt laudibus. Siquidem homo excellentis magni subtilisque ingenij et mire

In der fünften Klasse also saß ich ein halbes Jahr unter der Leitung eines trefflichen Mannes, des Herrn Gotfrieb, der Baccalareus beider Rechte und Magister der freien Künste war; dann stieg ich nach einer Prüfung in die vierte Klasse auf, in welcher ich ein Jahr unter dem fleißigen und höchst unterrichteten M. Johannes von Venrabt zubrachte. Nach Verlauf desselben kam ich, obgleich unwürbig, in die britte Klasse. Diese leitete damals M. Bartholomäus von Köln, ein sehr fleißiger und gelehrter Mann, dessen Gedichte und prosaische Schriften die größten Gelehrten bewundern und loben. Er ist nämlich ein Mann

facundiæ extat multarum scientiarum disciplinis insignis, adeo quod mirabile cunctis visum est adhuc in dies studiosus, vt instar inscij et ignari, cum sit in omni facultate absolutissimus, diligentia sua sepius diei noctem coniungat. Studiosos hic plurimo persequebatur fauore, lubenter eis quod querebatur impartiens. Tanto etiam illi afficiebantur quique scolastici studio litterarum ardentiori intenti animo, vt plerique quos noui post plures annos, quibus sub eodem magistro et lectore optimo philosophicis incubuerant disciplinis, in fine recessuri vix ab eo auelli possent. Non erat ille quamquam dignissimus magisterij titulo ab aliqua vniuersitate insignitus: vnde et ipsis, quos inane et vanum sine re nomen inflat, plerumque odiosus usque hodie habetur, qui eius opera tamquam beanina [1]) iugiter carpere et flocci pendere non desinunt. Hos ipse, vt verus et consumatus philosophus plus in scientiæ certam confidens doctrinam quam in eorum vanum titulum, omnes non minus pendit quam camelus murem ducit. — Plures quippe et ferme omnes, quos iam magistros artium appellamus, vix vnius et quidem infimo artis sufficientem et debitam habere noscuntur scientiam. — Absque studij diligentia studendi tempus si quis complet, siue audita sapiat seu

von hervorragendem hohen und feinen Geist, besitzt eine wunderbare Redefertigkeit, ist in vielen Zweigen der Wissenschaften ausgezeichnet und zur Verwunderung aller noch heute Tag für Tag so fleißig, daß er, trotz seines vollendeten Wissens in jeder Hinsicht, doch wie ein ganz und gar Unwissender bei seinem Fleiße öfter Tag und Nacht fortstudiert. Die Fleißigen begünstigte er deshalb im höchsten Grade und ließ ihnen gern das Nöthige zukommen. Dafür wurden auch alle diese Schüler in um so brennenderem Eifer in dem Grabe mit Liebe zu den Wissenschaften erfüllt, daß viele, welche ich kenne, nachdem sie mehrere Jahre unter ihm als ihrem Lehrer den philosophischen Disciplinen obgelegen hatten, am Ende, wenn sie zurückkehren sollten, kaum von ihm losgerissen werden konnten. Trotz seiner Würdigkeit wurde er von keiner Universität mit dem Magistertitel ausgezeichnet: deshalb ist er denen, welche auf ihren leeren Titel stolz sind, noch heute vielfach ein Stein des Anstoßes und sie bespötteln und verachten seine Schriften als die Arbeiten eines Schulfuchses. Er seinerseits, als ein wahrer und vollendeter Philosoph, gibt weit mehr auf eine sichere Kenntniß in der Wissenschaft als auf ihren leeren Titel und schlägt all solche Menschen nicht höher an als das Kameel von einer Maus hält. Denn gar manche und fast alle, die wir jetzt Magister der

---

[1]) Von beanus (franzöf. béjaune), welches im mittelalterlichen Latein den „jungen, angehenden Studenten (Fuchs)" bezeichnet.

non, ignarus tamen eque atque dignissimus foret mediante munere ad baccalauriatus vel magistratus aut doctoratus dignitatem facilime peruenit. Iste modernorum mos philosophorum, quem antiquorum sectator Bartholomeus iste vt stulticiam floccifaciens plus scientiæ studium quam eius falsam censet fore professionem, plus animi ornatum quam capitis decoratum ponderans. Quid enim birretum murice instructum facit in capite, cuius mentem ignoranciæ tenebræ nebulis suis obfuscant. —

Sub isto ergo philosopho vndecumque doctissimo in tertio, vt diximus, loco constitutus vsque in pascha manere decreueram, post profecturus ad patriam ac cum deliberatione parentum inde ad montem diui Joannis in Rinckauia, vnde studij gratia ad instantiam matris instigationemque fratrum ibidem iampridem exieram, si forte religionis habitum, quem ibi reliqueram, in religiosiorem iuxta eorum addictum commutare potuissem. Vix autem iam sex in hoc loco contriueram hebdomas, quando religiosus pater economus de Insula regularium prope Confluentiam

freien Künste nennen, besitzen kaum in einer und noch dazu untergeordneten Wissenschaft eine ausreichende Kenntuis. Wenn jemand ohne Fleiß beim Studieren seine Studienzeit aushält, dann gelangt er, mag er nun das Gehörte inne haben oder nicht, trotz seiner Unwissenheit, gerade als wenn er der Würdigste wäre, vermittelst eines Geschenkes leicht zur Würde eines Baccalaureus, Magister oder Doctor. Dies ist der Brauch bei den Philosophen der jüngsten Zeit, während Bartholomäus den alten folgt und solchen Brauch als eine Thorheit verachtet: er hält mehr von einem wirklichen Studium der Wissenschaft als von einem falschen Prunken damit, gibt mehr auf Ausbildung des Geistes als Schmuck des Hauptes. Denn was thut das rothe Barett auf dem Haupte, wenn Finsternis der Unwissenheit den Geist umnebelt hält?

Unter diesem allseitig gebildeten Philosophen also saß ich, wie erwähnt, in der dritten Klasse und hatte beschlossen bis Ostern zu bleiben, um alsdann in mein Vaterland und von da nach Besprechung mit meinen Eltern nach dem Johannisberg im Rheingau zurückzukehren, von wo ich des Studiums halber auf inständiges Bitten meiner Mutter und die Aufforderung der Brüder daselbst weggegangen war, in der Absicht das niedere Ordenskleid, das ich abgelegt hatte, wo möglich unter ihrer Zustimmung mit dem höheren zu vertauschen. Kaum aber hatte ich sechs Wochen in der Klasse zugebracht, da

Dauentriam venit, inter cetera (ſo!) negotiorum suorum expeditionem ex peticione reuerendi domini nostri abbatis Lacensis ¹) aliquot allaturus scholasticos, qui in hoc suo monasterio, cui iam decem annis prefuerat, sub tutissimo illius auspicio in habitu monastico secundum regulam domino militarent. Huius cum litteras ad rectorem directas presentasset fecissetque et ipse in domo fratrum pro hoc ipso negotio suam peticionem, post eius ad alia illius regionis loca, in quibus negotiari habebat, *profectionem* ²) per scholas per bursam per fratrum domos perque oppidum pro Clericis, vt ipsi eos vulgariter ita nuncupant, studiosa fit inquisitio, qui iam competenter scolasticis imbuti disciplinis vlteriorem secularium litterarum disciplinam propter deum vellent deserere et ad monasticam vitam et diuinarum scripturarum profectum sese potius tradere. Interea tres ferme dilabuntur septimane et nec quidem vnus inuenitur, qui ad huiusmodi propositum consentiat. Reuerso vero procuratore ad oppidum, cum nullum illius animi audisset existere, studiosius per se apud rectorem, Dominum videlicet Joannem Ostendorpium, virum valde facundum et litteratum, qui Alle-

kommt der ehrwürdige Pater Oeconom aus Niederwerth bei Koblenz nach Deventer und will unter andern Aufträgen, die er übernommen hat, auch auf Bitten des hochwürdigen Herrn Abtes von Laach einige Schüler mitnehmen, welche in diesem Kloster unter der sicheren Führung des Abtes, der schon 10 Jahre an der Spitze stand, im Mönchskleide nach der Ordensregel dem Herrn dienen möchten. Er gibt das Schreiben desselben an den Rector ab und trug gleichfalls in dem Brüderhause seine Bitte in dieser Sache vor. Als er darauf in andere Orte der Umgegend gereist war, wo er zu thun hatte, sucht man in den Schulen, der Burse, den Bruderhäusern und in der Stadt auf das Eifrigste nach solchen Clerikern, wie man sie gewöhnlich nennt, welche bereits ausreichend mit den Schulwissenschaften vertraut wären und sich entschließen wollten das weitere Studium der weltlichen Wissenschaft um Gottes willen aufzugeben und sich dem Mönchsleben und der Erforschung der heiligen Schrift zu widmen. Inzwischen verfließen ungefähr drei Wochen und es hat sich noch keiner gefunden, der sich dazu hätte entschließen wollen. Derjenige, welcher die Besorgung übernommen hatte, kehrt in die Stadt zurück. Als er erfährt, daß Niemand bereit sei,

---

¹) Der prior von Niederwerth, Adam von der Leyen (de Petra), war ein Oheim des Abtes von Laach. Denn dieser, Simon von der Leyen (1491—1512) war der Sohn des Georg von der Leyen in Saffig und der letztere ein Bruder des Prior in Niederwerth. Vgl. unten Excurs über die Familie von der Leyen.

²) Fehlt im MS.

xandro supramemorato in regimine scolarum vtpote vir idoneus successerat, pro adiutorio sibi prestando et obnixius instat. Qui quidem locum tertium et quartum statim introiens ardentiori (vt erat) oratione ad statum religionis scolastilos monere (?) attentat, primo multa laude ordinem diui Benedicti ac deinde supra modum abbatiam Lacensem et eius abbatis dignitatem commendans. Frustra tamen circa iam in lectionibus inchoatis sub nouis magistris auditores stabilitos laborare videbatur, quandoquidem quisque se pro dimidio anno tunc ad nouarum lectionum studium accinxerat pretiumque magistris, quos eatenus nondum audierat, pro exercitijs faciendis erogauerat, quod tam a rectore quam a lectore repetere cuique turpe et inuerecundum videbatur. Adde quod et de hospicijs atque in eis pro necessarijs quisque sibi iam prouiderat, que omnia deserere ante terminum pigebat. Nec minus etiam ad pergendum ipsa temporis incommoditas — erat enim frigus permaximum — quemque territabat. Poterat non absque re quilibet ita exclamitare:

wendet er sich persönlich an den Rector, Herrn Johannes Ostenborp, einen sehr beredten und gebildeten Mann, welcher dem obenerwähnten Alexander in der Leitung der Schulen als die geeignete Persönlichkeit gefolgt war, und bittet diesen inständig ihm Beihülfe zu leisten. Derselbe begibt sich sofort in die dritte und vierte Klasse und sucht in begeisterter Rede (wie er das verstand) die Schüler für den Ordensstand zu gewinnen, wobei er zunächst den Orden des h. Benedictus und dann insbesondere die Abtei Laach und die Würdigkeit des Abtes daselbst über die Maßen rühmte. Aber umsonst! schien all seine Mühe bei den Schülern, die bereits in den begonnenen Lectionen unter den neuen Lehrern fest eingetreten waren: denn jeder hatte sich schon für ein halbes Jahr auf den Besuch der Lectionen eingerichtet und das Honorar den Lehrern, die er bis dahin noch nicht gehört hatte, für den Unterricht bezahlt: es schien aber unpassend und unschicklich dies von dem Rector oder dem Lehrer zurückzufordern. Dazu kam noch, daß jeder für eine Herberge und das dazu Gehörige gesorgt hatte und dies Alles nicht gern vor dem Termin im Stiche lassen wollte. Ebenso schreckte die zum Reisen ungünstige Jahreszeit ab; es herrschte nämlich eine gewaltige Kälte. Es konnte nicht ohne Grund jeder ausrufen:

Non bene vestitos homines iam frigora torquent,
Sidere sub gelido corpora cuncta rigent.

Bist du nicht wohl bekleidet, so muß die Kälte dich martern,
Alles erstarret bereits unter dem eis'gen Gestirn.

Johannes läßt sich zum Eintritt in das Kloster Laach bestimmen
und reiste alsbald mit dem Pater und einem Mitschüler dahin ab. Am
18. December [1500] traf er ein.

Excurs über die Familie von der Leyen.

Zur Berichtigung eines Irrthums in der Genealogie der (jetzt
fürstlichen) Familie von der Leyen mögen folgende Stellen aus Bußbachs
Werken hier abgedruckt werden:

1) Bußbach kehrt bei seiner Reise nach dem Kloster Laach in dem
Kloster Niederwerth bei Koblenz ein:

Post biduanam pausationem inde [von Köln] ad Veronam [Bonn]
progressi sumus, de qua sequenti vsque ad Andernacum atque inde
ad Insulam, monasterium ipsorum patrum, qui nos ducebant, in
profunda nocte plurimum fatigati deuenimus: vbi a Patre monasterij, cui nomen Adam de Petra (frater enim patris domini nostri Lacensis existit), qui grandeuus — puta qui sexa-
gesimum iam annum in religione consenuerat — nobis occurrebat,
congratulabunde suscepti et admodum religiose, vt est, et caritatiue
humaniterque per biduum tractati et ad relligionis amorem incensi et
inflammati fuimus. Multum sane per omnia huius reuerendissimi
Patris nobis placebat conuersatio, in qua nullus fastus, quem illius
generis homines, ne ignobilibus pares et rusticis similes esse censean-
tur, plerumque pro se ferre in conuersationibus pomposis noscuntur,
nullaque pre alijs suis fratribus in habitu vel refectione singulari aut
lautiori[1]) notabatur. Pedes perinde refectis nobis post cenam per se
contra voluntates nostras ipse dignabatur lauare. Per diem quoque
nos per varia monasterij loca et fratrum officinas ducebat deque singulis fratrum occupationibus nos religiosissime informabat, haud quidem
secus quam similis cum similibus conuersari consueuit. Magna certe
huius sancti patris (talis enim semper tum ab Episcopo Treuerensi
vltimo defuncto tum ab omni populo et clero iudicatus est) apud omnes
sanctitatis opinio, in qua usque hodie resignato pre senectute officio
grandeuus admodum deuote et feliciter perseuerat et iam LXIIII annos
in ea consenuit. (Hodoeporicon fol. 42ᵇ).

---

¹) Hier muß ein Wort fehlen.

2) Von P. Abam von der Leyen wird Bußbach samt seinem Gefährten unter dem Geleite des Schaffners (procurator) nach drei Tagen entlassen und setzt seinen Weg nach dem Laacher Kloster fort. Am Abend kommen sie nach Saffig:

Ad vesperam vero eiusdem diei, cum sol petisset occasum, tali laboriosissimo, vt diximus, itinere ad habitacionem nobilissimi domicelli Georgij de Petra, supramemorati religiosissimi Patris fratris, in Saplj duce economo peruenimus. Quam, eodem precedente atque illi et honestissime eius coniugi matrone nobilissime propositum nostrum et patriam vtriusque indicante, letanter intrauimus et ab informatis prius de patria deque proposito nostro gratulantibus benigne, vt erant, excepti et tractati quam officiosissime humaniterque quasi iam in carnispriuio fuimus. Sequenti vero die vbi ab ipsis de filio suo, futuro iam abbate nostro, et de eius benignitate ac beniuolentia caritate quoque et humanitate necnon affabilitate et fauore, quibus polleret erga fratres suos, consolabili admodum sermone fuissemus mirabiliter letificati et ad perseuerantiam in proposito bono adhortati, inde cum gaudio discessimus et ad Lacense hoc monasterium nostrum preciosissimum, cui certe vix simile me vnquam vidisse credo, quinto decimo kł Januarij sub prandio fratrum peruenimus (Hodoeporicon 43^b).

3) Am Schluß des Hodoeporicon gibt Bußbach eine kurze Schilderung von den Mönchen, welche er im Kloster Laach vorfand. Dabei berichtete er über den Abt folgendes:

Inprimis igitur princeps et caput omnium, reuerendus dominus Symon de Petra, qui iam decimum in abbatiæ officio agere ferebatur annum, ad quam ex monacho monasterij Hornbacensis electus et sublenatus erat, vir certe mire et cuiusdam singularis deuotionis insignisque vite religiosis moribus optime imbutus, persona etiam pregrandis et prestans atque reuerentia honore ac quauis prelatione dignus merito huius alme congregationis pater et dominus loci mihi inueniebatur. (Hodoeporicon 46^a).

4) In Bußbachs Werk de illustribus seu studiosis doctisque mulieribus wird die Schwester des Abtes Christina von der Leyen geschildert (fol 127 ff.):

Cristina de Petra ordinis sancti Augustini, quem Canonicarum regularium appellant, monasterij vallis Marie Canonica, virgo ab infantia fere sua Christo dedicata, cui plurimis iam annis deuotissime in actibus regularibus sine reprehensione preter ea, quibus priuatim et sedulo dum licet deuotis exercitijs placere satagit, feruenti studio seruit. Que etsi magna ex nobilistarum progenie ortum duxerit, vtpote nobilissimi domini domicelli Georgij de Petra et venerabilis domine Eue de Schoeneck filia et Domini Simonis Abbatis nostri soror ingeniosissima, in medio tamen consororum suarum tanquam ignobilis et quasi quedam persona humilima constituta, nulli se preferens omnibus subiacere propter Christum — ex intimo cordis affectu et humilium etiam ac quorumlibet vilium operum effectu, vt audio, humiliter affectat.

Bußbach erzählt darauf, wie sie sich geweigert habe nach dem Tod der Priorissin deren Stelle einzunehmen, obgleich ihre Eltern sie aufs Dringendste dazu aufforderten und selbst ihren Bruder Bartholomäus absandten, um sie zu überreden. Sie wußte aber diesem gegenüber ihren Entschluß in so beredten Worten zu vertheidigen, daß er ihr beistimmte:

His auditis frater, vt idem michi postea retulit, valde edificatus est et eam non modo amplius pro officio matris assumendo non instigauit verum potius, vt in tali suo humilitatis proposito perseueraret, magis magisue adhortatus est.

Am Schluß sagt Bußbach von ihr:

Porro hec venerabilis virgo in sacris litteris iugiter studiosa non mediocriter erudita est, cui semper aut sacras legere litteras aut in eisdem memoria aliquid meditari aut orationibus deuote incumbere dulce videtur.

In der Anrede an den Bruder, worin Christina ihren Entschluß vertheidigt, beruft sie sich auch auf das Beispiel ihres Oheims, des Priors in Niederwerth, und sagt von ihm (fol 128):

Reuocate, queso, patruelis nostri, Adam Patris dudum in Insula ordinis nostri, exemplum ad mentem, quod sine dubio imitandum michi iam optime occurrit. Hic nempe dum a venerando dulcissimoque genitore nostro, fratre suo, iuuitaretur ad abbatiam Lacensem, quam sibi ab Archiepiscopo Domino Joanne de Baden[1]) dum viueret olim, dum vacaret, impetrare vellet: ita illi reluctatus fuit, vt prius (sicut dicebat) ad ignotam prouinciam relicto prioratus sui officio, si eum sui puderet, migrare voluisset quam maioris dignitatis gradum, que se vel suos inaniter secundum seculum inflare faceret, in Lacu vel alibi assumpsisset.

---

[1]) Kurfürst Johann II. von Trier (gebürtig aus dem Hause der Markgrafen von Baden) regiert von 1456—1503.

5) In der Epistola ad Simonem de Petra de commendatione poeseos erwähnt Joh. Butzbach einen Besuch, den die Brüder des Abtes Simon, Eucharius und Bartholomäus, nach Vollenbung ihrer Studien im Kloster machten (1503), bei welcher Gelegenheit Butzbach zuerst veranlaßt wurde, sich selbst in lateinischen Versen zu versuchen.

Aus allen diesen Notizen ergibt sich folgendes Verwandtschaftsverhältnis:

N. N. von der Leyen:

Georg von der Leyen Adam von der Leyen,
in Saffig. Prior in Niederwerth bei Koblenz.
ux. Eva von Schöneck:

Eucharius. Bartholomäus. Simon, Christina,
　　　　　　　　　　　　　 Abt im Kloster Laach Nonne in Ma
　　　　　　　　　　　　　 s. 1491. rienthal.

Danach ist die Stammtafel zu berichtigen, welche u. a. bei Hopf (Historisch-Genealogischer Atlas I S. 93) sich findet:

Johann II.

Wilhelm. Johann IV. Georg II. von Simon, Abt von
　　　　　　　　　　　 Saffig und Olbrück Laach
　　　　　　　　　　　 1476—1486. 1491—1512.

Georg III., Bartholomäus. Johann.
Domherr in Trier.

Von des Abtes Bruder Bartholomäus stammt im siebenten Gliede Philipp Franz, welcher als Mitglied des Rheinbundes 1806 den Fürstentitel annahm.

Abt Simon genoß, nach Butzbachs Angaben, noch zuletzt die Auszeichnung von einem „wohlberedten" Arzte zu Tode curiert zu werden, wie wir aus dessen Biographie im Auctarium fol 146 ersehen:

Balduinus Besselus natione Hollandinus, patria Harlemensis, homo vndecunque peritissimus, artium quas liberales vocant atque medicinarum doctor celeberrimus, ingenio subtilis promptus et acer, eloquio clarus nitidus atque tersus, et qualem quis vnquam in homine istius seculi vix audiuit summam	Balduin Bessel, ein Holländer aus Haarlem, ein Mann allseitig wohlbewandert, berühmter Doctor der freien Künste und der Medicin, von feinem schlagfertigem und scharfem Verstand, klar schmuckreich und gewählt im Ausdruck, und von einer Gewandtheit aus dem Stegreif einen kunstvollen Vortrag

eloquentiam ex tempore callens. Feci ego in homine iamdudum in die palmarum, cum curandi gratia dominum nostrum abbatem Simonem de Petra accersitus fuisset, curiosum periculum: quem his ipsis auribus meis tanta facundia promptissime de qualibet sibi obiecta materia perorantem percepi, vt nunquam eloquentiorem ac etiam ornatiorem orationem a latino presertim homine in Germania inter barbaros italice erudito eatenus audieram (so!) nec forte vnquam auditurus sim. Habuit hic decem egregias coram imperiali maiestate elegantissimas in causis ciuium suorum orationes. Habuit item Confluentiæ ista quadragesima ad tricentos auditores tribus continuis horis de viribus eloquentiæ ornatissimam orationem, jn cuius peroratione, vt idem mihi hic postea fatebatur, multitudine auditorum inflammatus in tantam exarsit facundiam, vt se alterum M. T. Ciceronem fore videretur. Hic si omnes medicinarum libri perijssent, suo ingenio et memoria eos velut alter Esdras bibliam se posse recuperare promittere audet. Plus tamen ei in facultate oratoria, qua italico accentuandi et pronunciandi modo vtitur, quam in medendi arte attribuitur. Expertus est, proh dolor et heus, R. supradictus d. noster eius imperieiam, quem non ad sanitatem vt spondebat sed ad mortem immaturissimam nobisque pernociuam perduxit, vt quasi de

zu halten, wie man dies kaum jemals von einem Manne aus diesem Jahrhundert gehört hat. Ich habe selbst kürzlich am Palmsonntag eine merkwürdige Probe davon gehabt, als er berufen war, um unseren Abt, den Herren Simon von der Leyen, zu curieren. Ich hörte damals mit meinen eigenen Ohren, wie er auf's schlagfertigste über jeden beliebigen Gegenstand, den man ihm vorlegte, mit einer solchen Redegewandtheit sich in längerem Vortrag ausließ, daß mir bis dahin niemals, zumal von einem Lateiner, der in Deutschland unter den Barbaren auf italische Weise ausgebildet wäre, ein Vortrag von größerer Beredsamkeit und Redeschmuck zu Ohren gekommen war und vielleicht niemals zu Ohren kommen wird. Er hat auch zehn ausgezeichnet elegante Reden vor der Kaiserlichen Majestät in Sachen seiner Mitbürger gehalten. Ingleichen hat er zu Koblenz in der Fastenzeit vor dreihundert Zuhörern drei Stunden hintereinander über die Macht der Beredsamkeit eine ganz treffliche Rede gehalten, an deren Schluß er, wie er mir selbst später mittheilte, durch die Menge der Zuhörer begeistert sich zu einer solchen Höhe der feurigsten Beredsamkeit erhob, daß er sich als einen zukünftigen zweiten M. Tullius Cicero ansah. Dabei macht er sich verbindlich, wenn alle medicinischen Werke verloren giengen, wolle er, wie Esra die Bibel, sie auch bei seinen Gaben und seinem Gedächtnis wieder er-

illo quidam dixisse videatur: Caueas tibi a medico eloquente, siquidem non eloquentia sed medicina curandi sunt morbi, vt ornatissimus medicorum ait Cornelius Celsus. Viuit adhuc apud Confluentinos ciues annuo conductus precio; quem vtinam noster nunquam vidisset pie recordationis dominus, sine dubio haud tam pernix nobis eum surripuisset fatum. Ignoscat illi omnipotens deus ignorantiæ et prosumptionis sue delictum et huic vitam et gaudia conferat sempiterna, que modo letus, vt speramus, triumphans possidet. Anno dñi 1512 sub Maximiliano Cesare et Julio 2°., quo tunica dñi saluatoris nostri inconsutilis ipso die jnuentionis sancte crucis in Treuerico summo reperitur.

setzen. Doch schreibt man ihm mehr Gewandtheit und Fertigkeit in der Rede zu (wobei er sich der italienischen Weise in Bezug auf Betonung und Aussprache bedient) als Kenntniß in der Heilkunst. Leider mußte unser obenerwähnter hochwürdiger Herr Abt diese mangelnde Erfahrung an seiner eigenen Person kennen lernen, denn er brachte demselben nicht, wie er versprach, Genesung, sondern einen vorzeitigen und uns höchst nachtheiligen Tod. Daher scheint von ihm besonders der Ausspruch zu gelten, „Hüte dich vor einem beredten Arzte." Denn, wie der ausgezeichnete Arzt Cornelius Celsus sagt, nicht mit Beredsamkeit sondern mit Medicin muß man die Krankheit curieren. Er lebt noch in Koblenz und hat dort einen jährlichen Gehalt. O hätte ihn doch unser seliger Herr niemals gesehen: ich zweifele nicht, daß er dann vor einem so jähen Tode bewahrt geblieben wäre. Jenem verzeihe der allmächtige Gott die Sünde, die er durch seine Unwissenheit und Vermessenheit auf sich geladen; unserem Abte aber schenke er das ewige Leben und die ewige Seligkeit, die er jetzt — wie wir hoffen — triumphierend genießt. Im Jahr des Herrn 1512 unter dem Kaiser Maximilian und dem Papst Julius II., da der ungenähte Rock unseres Herrn und Heilandes gerade am Tage der Kreuzesfindung im Dom zu Trier aufgefunden wurde.

Die Stadt Deventer und ihr Gymnasium,

geschildert

von Joh. Butzbach (Hodoeporicon fol. 35 ff.).

Porro vt ad ea redeam, vnde digressus sum, Dauantriam ipsam, vbi supramemorata incomoda expertus sum, paululum commendare placeat. Est enim populus ad pauperes misericordissimus, qualem vnquam mihi compertum habeo, et valde deuotus amansque religionis, multis quoque abundans diuicijs, qui cum transmarinis regionibus atque Hollandinis et Zelandinis populis plurima exercet commercia. Mencior si non noui ibidem ciuem, magnum mihi et alijs pauperibus benefactorem, qui filie sue viro tunc nupte decem et septem milia florenorum in prompta pecunia tradidit. Eiusdem vero ciuis coniunx matrona honestissima et mirum in modum erga peregrinos et pauperes misericors, quippe que nullo die dimittit quin sex vel septem ad mensam largissime epulis instructam certos de pauperibus clericis inuitet, taceo elemosinam quam alijs continuo ante ianuam erogare consueuit. Plurima sunt certe, que hec laudabilis matrona tempore infirmitatis et necessitatis mee in victu in vestitu in pecunijs et in verbis consolatorijs in me contulit beneficia, digna profecto cum suis tanta quam possidet diuitiarum copia, que contra aliorum diuitum consuetudinem non elatam non auaram

Um nun wieder nach dieser Abschweifung auf den Gegenstand zurückzukommen, möchte ich zum Lobe Deventers selbst, wo ich das obenerwähnte Ungemach erfahren mußte, ein Weniges einschalten. Das Volk ist gegen die Armen höchst mitleidig, wie ich sonst niemals eines gefunden habe, dabei sehr fromm und gottesfürchtig, auch mit vielem Reichthum ausgestattet, da es mit den überseeischen Ländern, sowie mit Holland und Seeland lebhaften Handelsverkehr hat. Ich will ein Lügner heißen, wenn ich dort nicht einen Bürger kenne, einen großen Wohlthäter von mir und anderen Armen, der seiner Tochter bei ihrer Heirat 17,000 Gulden in barem Gelde mitgab. Die Gattin dieses Bürgers aber ist eine ehrbare Matrone, in ganz außerordentlichem Maße gegen Pilger und Fremde mitleidig, wie sie denn keinen Tag vorübergehen läßt, ohne sechs oder sieben bestimmte arme Cleriker zu ihrem aufs reichste mit Speisen ausgestatteten Tische einzuladen, ganz zu schweigen von dem Almosen, das sie andern beständig vor ihrer Thüre zu reichen pflegt. Gar viele Wohlthaten hat mir diese ausgezeichnete Frau zur Zeit meiner Krankheit und Noth in Speise, Kleidung, Geld und Trostsprüchen erwiesen: sie verdient es in der That sammt den Ihrigen, solchen Reich-

non sperantem in multitudinem diuitiarum suarum, sed humilem sed liberalem et misericordem sed in preces pauperum et in deo spem suam collocantem ex hoc sese magis ostendit. Quamplures hoc nobile oppidum tales deum timentes enutrit homines, in quo et optima ciuum politia et consolatus ordo viget. In eius laudem Allexander Hegius, ibidem quondam gimnasiarcha, in quodam carmine suo, quod vltimum eius dictaminum fuit, his paucis compendiosius erupit dicens.

Juris cultu peregrinas
Dauentria laude [1]) per vrbes
Claret, quam censeo dignam,
Opibus que semper habundat (so!):
Hec reddidit [2]) arua colonis
Predonum sanguine fuso:
Que debuit [3]) era decenter [4])
Equiti peditiqve [5]) pependit.
Huius nummata sit archa
Semper nec inaniat illam
Discordia nocte dieque,
Juuenesque senesque precamur.

Huius loci patronus sanctus Lebuinus confessor, monachus diui ordinis nostri, habetur, discipulus olim beati Willibrordi: vbi et corporaliter in egregio extructo sibi templo et preciosa arca cum sanctis quibusdam alijs, scilicet Margaretha illic de Rhoma trans-

thum zu besitzen; denn gegen den Brauch anderer reicher Leute ist sie nicht stolz, nicht geizig, nicht sicher im Vertrauen auf ihren großen Reichthum, sondern demüthig, freigebig, mitleidig, sie setzt ihr Vertrauen auf die Gebete der Armen und auf Gott. Solcher gottesfürchtiger Menschen nährt die Stadt gar manche, auch besitzt dieselbe eine treffliche bürgerliche Verfassung und ein geordnetes Regiment. Ihren Ruhm hat Alexander Hegius, weiland Rector des Gymnasiums daselbst, in einem kurzen Gedichte, welches das letzte seiner Dictate war, folgendermaßen verkündigt:

Durch Rechtspfleg' glänzet in Ruhme
Weit Deventer unter den Städten:
Sie achte ich würdig, daß immer
In Reichthumsfülle sie blühe:
Das Blut der Räuber vergießend
Gab wieder das Land sie dem Bauer:
Den schuldigen Sold, wie's ziemet,
Zahlt' stets sie dem Reiter u. Fußvolk:
Sei immer gefüllt ihr die Truhe
Mit Geld und leere sie niemals
Zwietracht bei Nacht und bei Tage:
So flehen wir, Junge und Greise.

Als Patron dieses Ortes gilt der heilige Bekenner Lebuinus, ein Mönch aus unserem heiligen Orden, Schüler des h. Willibrord. Sein Leichnam ist auch dort in einer prächtigen Kirche beigesetzt, welche ihm zu Ehren erbaut wurde, und ruht in einer kostbaren Truhe sammt

---

[1]) laude MS. [2]) reddit MS. [3]) debit MS. [4]) decente MS. [5]) que fehlt im MS.

lata et sancto Ratbodo Traiectensi episcopo et quodam alio, gloriose quiescit. Hic de Brittannia adueniens prouinciam illam primus ad fidem Christianam conuertit habitauitque prope Isulam, qui est pars Rheni, cuius domus usque hodie ab incolis (licet longe iam alia quam tunc fuit) ostenditur. Est et aliud, quod oppidum istud preter nundinas, que aliquot vicibus in anno celebrantur, clarum atque famosum pre alijs eius regionis ciuitatibus merito longe lateque reddidit, Gymnasium scilicet a multis iam temporibus celebratissimum, quod sub doctissimis rectoribus aliquamdiu optimo regimine et ingenuo bonarum artium exercicio floruit. Sed post mortem supra memorati **Allexandri Hegij**, viri apprime eruditi, vtpote philosophi poete et presbiteri trium linguarum peritissimi, qui obijt anno domini supra millesimum quadringentesimum nonagesimo octauo, aduentus vero mei illic et studij primo, valde, quod non sine dolore loquor, defecisse ab isthinc venientibus accipio. Proch dolor! Quantum ecce negligentia moderatoris nocet et quantum rursus dignoscitur vigilantis diligentia prodesse! O virum hunc laude dignissimum, quippe qui et in vita et morte multis laudum preconijs a doctissimis quibusuis viris extolli meruit, cuius vite probitas in vulgo et omnigena artis doctrina excellensue ingenij donum in omni

etlichen andern Heiligen, nämlich der h. Margarethe, welche von Rom dorthin übertragen wurde, dem h. Ratbod, Bischof von Utrecht, und noch einem andern. Er kam aus Britannien und hat die dortige Gegend zuerst zum christlichen Glauben bekehrt. Er wohnte an der Jssel, einem Arme des Rheins, und sein Haus wird noch heute von den Einwohnern gezeigt, freilich in einer sehr veränderten Gestalt. Außer den Märkten, welche etliche Male im Jahr abgehalten werden, besitzt die Stadt noch ein Institut, welches sie mit Recht weit und breit vor den übrigen Städten jener Gegend berühmt gemacht hat, nämlich ein seit langer Zeit vielbesuchtes Gymnasium, welches eine Zeitlang unter der trefflichen Leitung hochgelehrter Rectoren sich durch die Pflege der schönen Wissenschaften auszeichnete. Aber nach dem Tode des oben erwähnten **Alexander Hegins**, eines äußerst gelehrten Mannes, eines der drei Sprachen mächtigen Philosophen, Dichters und Priesters (er starb 1498, im ersten Jahr meiner dortigen Studienzeit), hat es sehr abgenommen, wie ich zu meinem Schmerze von solchen höre, welche von dort herkommen. Ach! Wie schadet doch ein nachlässiger Leiter der Schule und hinwiederum welchen Nutzen verspürt man von dem Fleiße eines wachsamen! Ja, der Mann war des Lobes würdig, wie er denn auch im Leben und im Tode von allen Gelehrten vielfach gepriesen worden

doctorum hominum choro vt lampas emicuit. Huius Hierasmus Desiderius, eius quondam discipulus, vir vndecunque doctissimus, in adagijs honorificam facit mentionem. Eius ingenij excellentiam Rodolphus Agricola, rector vniuersitatis dum vixit Heidelbergensis doctissimus, cum Joanne Dalburgio episcopo Wormatiensi homine litteratissimo summe in scriptis commendauit suis. Hunc etiam Michael Hobingius, nunc rector scholarium Wesaliensium, miris effert laudibus, iocundum ad eum tale, cum in Rostokensi adhuc gymnasio artibus operam nauaret, transmittens carmen.

ist: wie eine Leuchte glänzte er durch Rechtschaffenheit unter dem Volke, durch allseitige wissenschaftliche Bildung und außerordentliche Geistesgaben in der ganzen Gelehrtenwelt hervor. Seiner thut Erasmus Desiberius, einst sein Schüler, ein Mann von allumfassender Gelehrsamkeit, in den Sprichwörtern in ehrenvollster Weise Erwähnung. Seine außerordentliche Begabung rühmen in ihren Schriften aufs Höchste der gelehrte Rubolf Agricola, weiland Rector der Universität Heidelberg, und der wissenschaftlich hochgebildete Bischof von Worms Johannes Dalberg. Ebenfalls läßt ihm Michael Hobing, der jetzige Rector der Schulen in Wesel, außerordentliche Lobeserhebungen zu Theil werden in einem ansprechenden Gedichte, welches er ihm von Rostock aus übersandte, wo derselbe noch auf dem Gymnasium studierte. Es lautet [1]:

  Ite per insolitos tandem, mea carmina, campos
    Et longum gressu carpite prorsus iter,
  Donec ad occiduam vos hinc via duxerit vrbem,
    Fortis vbi rapidas Issola voluit aquas.
  Hunc iuxta excelsis posita est Dauentria muris,
    Diues opum multis ciuibus atque frequens.
  Sublimem tenet hec accadaemia clara magistrum,
    Quem Pallas cunctis artibus erudijt,
  Cui fama egregia nomen super ethera notum
    Efficit et iustis laudibus accumulat.
  Illum vbi fors doctas inter considere turmas
    Cernitis et placido pectore multa loqui,

---

[1] Die metrische Uebertragung der Gedichte von Hobing und Buschius verdanken wir der Güte des Herrn Dr. E. Bernhardt.

Dicite: nos te te longinquis partibus vnum
Querimus, o bone vir, sit tibi multa salus!
Et si forte roget, quis vobis extitit auctor,
Reddito que paucis verba referre dabit:
Quod legis ¹) hic tenui missum modo carmen ²) ausus,
Littore ³) ab arthoho ⁴) vir tibi magno venit,
Littore quo Rostoc iacet altis menibus ingens,
In qua doctrino pocula grata fluunt.
Westphalus ignotis illis sese abdidit oris
Diuinos cupiens nectere philosophos,
Horstmaria antiqua genitus diocesia, postquam
Finem ceperunt bella seuera suum.
Ille idem impulsus fama, *qua* ⁵) sidera tangis,
Hisce tuas nobis iussit adire domos.
Orat vt ignotum non asperneris ⁶) amicum
Et sua que misit paucula metra legas.
Postea cum forsan tempus fuerit simul et res,
Sedulus exoptat possit adesse tibi.

Zieht hin, meine Gesänge, auf nie betretenen Pfaden,
   In die Ferne den Weg wandert mit eiligem Schritt,
Bis zu der westlichen Stadt von hier euch geleitet die Straße,
   Wo mit muthigem Strom brausend die Jssel sich wälzt.
Dort ragt Deventers Stadt mit stattlichen Mauern und Zinnen,
   Reich an Schätzen und Geld, reich auch an Bürgern und Volk.
Dorten besitzt den trefflichsten Lehrer die Schule, die hohe,
   Welchen in jeglicher Kunst Pallas die weise belehrt,
Dessen Namen die Göttin des Ruhms bis zu den Gestirnen
   Träget empor und mit Lob, wie er's verdient, überhäuft.
Sehet ihr jenen vielleicht von wissensbegieriger Schüler
   Schaar umgeben, wie er Lehren der Weisheit ertheilt,
Sagt ihm: Dich nur allein in weiter Ferne zu suchen
   Sind wir gekommen herbei; sei Du uns herzlich gegrüßt.
Und wenn er etwa fragt, wer euch, ihr Verse, gedichtet,
   Antwort gebet ihm drauf, kurze, so wie er's gebeut:
Dieses Gedicht hier, welches erzeugt ein bescheidener Dichter,
   Kam Dir, würdiger Mann, fern von dem nördlichen Strand,

---

¹) leges MS. ²) carmina MS. ³) litore MS. ⁴) d. i. arctoo. ⁵) qua fehlt in dem MS. ⁶) aspernaris MS.

Da wo stattlich Rostock liegt mit erhabenen Mauern,
Wo sich des Wissens Pocal durstigen Jüngern ergießt.
Aus Westfalens Gebiet hat dorthin sich einer verloren,
Welcher der Philosophie göttliche Lehren ersehnt;
Horstmars Kirchspiel ist er entstammt, des würdigen Städtleins,
Und nach dem Ende des Kriegs wandert er dort in die Fern.
Jetzt nun bewegt ihn Dein Ruhm, der sich zu den Sternen erhebet,
Und mit solcherlei Gruß heißt er uns treten vor Dich,
Bittet Du mögest den Jünger, den Du nicht kennst, nicht verschmähen
Mit nachsichtigem Blick, was er gedichtet, besehn.
Später, gestattet es ihm die Zeit und der magere Geldsack,
Hofft er, es wird ihm gegönnt, selber zu nahen sich Dir.

Quod etiam de illius laudatissimi gymnasiarche eruditione Hermannus Buschius, huius temporis uates integerrimus, senserit perbreui quidem vel perpulchro et instructo hoc suo octosticho protestatus est epigrammate ad eum scribens.

Auch Hermann von dem Busche, der edelste Sänger unserer Tage, hat die Meinung, welche er von der Gelehrsamkeit dieses hochgerühmten Schulmannes hegte, in dem folgenden zwar sehr kurzen, aber äußerst schönen und gelehrten, nur aus acht Versen bestehenden Gedichte öffentlich ausgesprochen:

Si quis in Aonio posuit vestigia luco
  Scindit et intonsam si quis ab arte liram,
Si quis Graiorum didicit facunda virorum
  Scripta vel Ausonia fulmina digna toga,
Si quis Romanas acies et prelia nouit
  Vel que Cumeus Partheniasque docet:
Tu, qui clara tenes Pellei nomina regis,
  Disperéam, si non hic mihi solus eris!

Wenn je einer den Zugang fand zum Aonischen Haine
  Und von eblerer Kunst Rohes zu scheiden gelernt,
Wenn je einer den Fluß der griechischen Rede verstanden,
  Oder das zündende Wort, donnernd auf römischem Markt,
Wenn je einer der Römer Gefecht erkannte und Kriegskunst,
  Oder die Lehre Virgils und des Cumäers begriff:
So bist bu's, der du trägst des Maceboniers Namen,
  Sterben will ich, wenn dir's streitig ein anderer macht.

Jacobus quoque **Fabri**, Dauantriensis philosophus, in epitaphio quod eidem iam vita functo excogitauit, plurima eum commendatione prosequitur. Sed et alij quam multi, quos enumerare longum esset. Hec iccirco, karissime, hic in eius laudem inserere placuit, vt agnosceres, quanto illi amore afficior, qui me ad litterarum studium in suo tunc gymnasio suscepit, disceresque ex hoc et tuos diligere magistros, quandoquidem dijs parentibus et magistris non potest reddi equiualens, vt docet philosophus. Et quia illum proprijs verbis non sufficio, saltem aliorum eiusdem quondam discipulorum testimonijs commendare eum iam gestio. Et hec quidem breuiter de eo iam sufficiant, qui doctrina sua famosus famosam Dauantriam eruditione et regimine vigilantissimo efficere studuit. Quam equidem breuiusculis adhuc hisce versiculis in quodam carmine contra pestilentiam ibidem grassantem pulchre laudauit, sic inter cetera canens.

Te moenibus Dauentrie
Iam tempus est excedere,
Hec fletibus fac temperet:
Iam sat superque fleuerat.

Ferner rühmt ihn auf's Höchste Jakob Fabri, der Philosoph aus Deventer, in der Grabschrift, welche er ihm zu Ehren nach seinem Tode abgefaßt hat. Außerdem noch viele andere, welche hier aufzuzählen uns zu weit führen würde. Dieses zum Lobe des Mannes einzufügen, schien mir deshalb passend, damit du erkennen mögest, mein theurer Bruder[1]), wie sehr ich den liebe, der mich zum Studium der Wissenschaften in seine Schule aufnahm, und auf daß du auch deine Lehrer achten und lieben lernest; denn — wie der Philosoph sagt — den Göttern, Eltern und Lehrern können wir nicht in gleichem Maße vergelten, was sie an uns thun.' Weil ich ihn nun mit meinen eigenen Worten nicht nach Gebühr zu loben vermag, wollte ich gerne zu diesem Zwecke die Zeugnisse anderer ehemaliger Schüler desselben anführen. Dies möge in der Kürze genügen über einen Mann, der selbst berühmt durch seine Gelehrsamkeit auch Deventer durch Unterricht und sorgsame Leitung der Schule berühmt zu machen bestrebt war. Diese Stadt hat er in folgenden kurzen Versen, die einem Gedicht über die dort herrschende Pest entnommen sind, sehr schön gerühmt:

's ist Zeit für dich hinauszugeh'n
Fort von den Mauern Deventers.
Gib, daß die Stadt vom Weinen laß':
Schon hat geweint sie überreich.

---

[1]) Johannes Butzbach hat das Hodoeporicon seinem Stiefbruder Philipp Trund (Haustulus) gewidmet, als der letztere noch in Münster die Schule besuchte.

Vrbem subi, cui coctiles
Muros dedit Semiramis,
Aut Thracis horrendissimi
Semper pauentem regiam.
Est dignior Dauentria,
Quam cui nocere debeas.
Hec laude fulget plurima,
Vt vitra, vt astra, vt lucifer.
Insignis hec et nobilis
Clero dei dignissimo,
Ludoque litterario,
Et copiosis mercibus.

Sed hec hactenus, que de laudibus celeberrimi opidi et eius gymnasij contulimus.

Magnus profecto quondam ex iam memorato gymnasio religionibus reformatis fructus in eruditis scolasticis prouenit, dum propter bone apteque institutionis et eruditionis debito gloriosam famam quisque sibi inde personas idoneas afferre contenderet. Aptiores autem tunc in bonarum litterarum disciplina competenti quinti ordinis scolastici Dauentriæ Zwollisque ad relligiones inueniri et haberi facilius poterant, quam modo secundi vel primi loci offendi queant, quamquam nunc potiores quam

Zieh' hin zur Stadt, der Mauern gab
Aus Ziegelstein Semiramis.
Zieh zu des Thraciers Königsburg,
Die stets vor ihrem Herren bangt.
Zu würdig, traun! ist Deventer,
Als daß du dürftest schaden ihr.
Sie prangt in hellem Ruhmesschein
Krystallgleich und wie Sternenglanz.
Berühmt ist sie und weitgekannt
Durch Gottes würd'ge Priesterschaft,
Durch der gelehrten Schule Zier,
Durch Handel und der Waren Meng'.

Doch damit sei genug gesagt zum Lobe der berühmten Stadt und ihres Gymnasiums.

Großen Nutzen hat das erwähnte Gymnasium früher den reformirten Orden[1]) durch gelehrte Schüler gebracht, indem jeder bestrebt war sich geeignete Persönlichkeiten von dort zu verschaffen, so lange die Anstalt den ehrenvollen Ruf eines guten und tüchtigen Unterrichts und einer gründlichen Gelehrsamkeit genoß. Damals konnte man in Hinsicht auf eine ausreichende Bildung in den schönen Wissenschaften unter den Schülern der fünften Klasse zu Deventer und Zwoll geeignetere Personen für die Orden finden und

---

[1]) Gemeint sind die Orden, welche wieder bemüht waren, durch Zurückführung der älteren strengeren Klosterregeln der eingerissenen lazen Zucht zu steuern. Im Benedictiner-Orden, zu welchem das Kloster Laach gehörte, geschah dieses durch die s. g. „Bursfelder Reformation," welche von dem Kloster Bursfeld bei Göttingen und dessen Abt Johann von Minden († 1439) ausgieng. Die erste Anregung gab das Concil zu Constanz, welches ein Capitel aller Benedictiner-Klöster aus der Mainzer Diöcese 1417 zu Petershausen (Constanz gegenüber) abhalten ließ. Vgl. Evelt, die Anfänge der Bursfelder Benedictiner-Congregation (in Zeitschrift für vaterländische Geschichte und Alterthumskunde. III. Folge, 5. Band, S. 121 ff. Münster 1865).

olim exercebantur auctores. Nam, vt sepe audiui, preter Alanum in parabolis et Cathonem in moralibus siue in ethicis ac Esopum mitologum in fabulis atque paucos huius modi alios, quos moderni contemptui videntur habere, raro legebantur; diligentia tum sua, qua cuiusuis rei obtusitas permolitur, quisque ad altiora conscendere suapte studebat. Jam vero tam antiqui quam neotherici suis mirificis varijsquo vtriusque stili operibus per cuncta etiam quam minima resonant gymnasia, ad quorum vocem haud secus quam plurimi sese habent quam asinus ad lyram, quod Greci dicunt ὄνος πρὸς χελύνῃ. Sic cum tempore cuiuslibet rei minuitur virtus, vigor ipse marcescit. Nam „tempus edax rerum diuturnum nil sinit esse". Hinc et relligio deficere conspicitur, vbi predictum gymnasium deficere cepit. Ex quo maxime tamen nostra in his Germanie partibus in aptis litteratura personis ab inicio reformationis suæ, quæ nondum ad centesimum in aliquo peruenisse monasterio perhibetur annum, foueri et enutriri meruit.

mit größerer Leichtigkeit gewinnen, als man sie jetzt in der ersten und zweiten Klasse trifft, obgleich heut zu Tage bessere Schriftsteller als ehedem behandelt werden. Denn, wie ich oft gehört habe, pflegte man selten etwas Anderes zu lesen, als die Parabeln des Alanus, die Moralia des Cato, die Fabeln des Aesop und sonst noch etliche Schriftsteller der Art, auf welche man heute mit Geringschätzung herabblickt. Damals suchte man sich durch einen Fleiß, der auch die größten Schwierigkeiten überwindet, aus eigener Kraft weiter vorwärts zu bringen. Jetzt hört man in allen, auch den kleinsten Gymnasien die alten und neuen Schriftsteller in ihren bewunderungswerthen Werken in Prosa und Poesie lesen, aber die meisten Schüler stellen sich dazu an, wie der Esel zum Lautenschlagen (nach dem griechischen Sprichwort ὄνος πρὸς χελύνην). So sinkt mit der Zeit jede treffliche Sache, die Kraft selbst erlahmt. Denn „Nichts von Allem fürwahr läßt stehn die gefräßige Zeit uns." Darum sinkt auch augenscheinlich der Ordensstand, seit das obenerwähnte Gymnasium zu sinken begonnen hat. Doch ist hauptsächlich unserem Orden in den hiesigen Gegenden Deutschlands seit dem Beginn seiner Reformation, die noch in keinem Kloster hundert Jahre hinaufreicht, aus jenem Gymnasium Förderung erwachsen in geeigneten, wissenschaftlich gebildeten Männern, die es lieferte.

Biographien aus dem Auctarium.
1. Alexander Hegius.

(fol. 8 f.) ALlexander cognomento Hegius, nacione Teutonicus, patria Westphalus, gymnasiarcha apud Wesaliam, deinde in Embrica et iam pridem Dauantrij diligentissimus, vir in diuinis scripturis eruditissimus et in seculari philosophia nobilissime philosophus, presbitur (so!) poeta, vtriusque lingue clarissimus interpres, ingenio acer et sermone disertus, vita quoque et conuersatione rectus et verus Christi philosophus, pauperum amator et elemosinarum singularis largitor et occultus, doctor non tam literarum quam virtutum et viciorum eliminator strenuissimus, simplex et vt fertur de antiqua terra existens, humilis, curiosam nullam habebat in habitu notabilitatem et (so!) nec quorundam more inanis eloquentie fastu tumens longo et odioso verborum circuitu per obscuras sententiarum ambages aliquid sed simpliciter, ut erat, luculenter et apertissime docebat, bonorum et studiosorum fautor pientissimus et pater, sed prauorum ac disculorum (so!) acerrimus et zelosissimus persecutor: ignauis et pigris clauus in oculis et lancea in lateribus semper erat. Nec non religionis nostre et aliorum et maxime de obseruantia minorum et regularium specialissimus fautor pariter et fotor. Fouebat namque eas personas eisdem ministrando, quos iam competenter litteris imbutos ad Christi famulatum iugiter exhortari quoquo modo poterat et suadere non cessabat. Probant hec et astipulantur diuersi religionum ordines qui vsque in hodiernum diem infinitis adhuc de suis doctis gaudent discipulis: quem vtinam hodie vel in hoc ita optime et vigilantissime talem iuuentutis institutorem cuncti eius sequaces imitarentur ludimagistri, qui vtique non turpis lucri questu sed pro honore dei et sancte ecclesie illustracione docendo et scribendo totum se suaque expendebat. Scripsit autem vir doctus et bonus vtroque stilo multa vtilia opuscula, quibus non ipse tamquam inanis glorie cupidus sed Jacobus Fabri, eius quandoque discipulus eque atque ipse doctus, nomen cius ad posteritatem cum gloria transmisit, e quibus idem Jacobus eo iam defuncto cum magno labore hinc inde dispersa se inuenisse in quadam epistola asserit ista subiecta.

De scientia et eo quod scitur li. i
De triplici anima li. i
De vera pasche inueniendi
  ratione li. i
De rhetorica li. i

De arte et inertia	li. i	
De sensu et sensili	li. i	
De moribus	li. i	
De philosophia	li. i	
De incarnacionis misterio	li. i	Questio quo tempore anni Christus fuit:
Carmina et grauia et elegantissima	li. i	
De aurea mediocritate	car. i	Cuique modum tribuo iustum:
In habendi amorem	saph. i	Quantus humanos animos cupido:
Panegiricon ad diuam Mariam	car. i	Virgo quam vates
Contra vicia	car. i	Si post ferre voles
De musis colendis	car. i	Pone fulgentem iaculator arcum:
De vicijs	car. i	Harum vita paucis degitur:
In malum ocium	car. i	Si quibus veri datus est et equi ardor:
Contra inertes	car. i	Cordi si quibus est deum
Contra turpem amorem pecunie	car. i	Heus regina pecunia
De curis et malis et vicijs	car. i	Huc rex omnipotens ades
De stulticijs mortalium	car. i	Nemo cum vere tepenti
De querendis bonis solidis	car. i	O qui stelliferum celeri vertigine
In natalem saluatoris	car. i	Salue natalis Jesu
In liuorem inuectiuum	car. i	Orbem cum sol rutilantem
Ad sanctam Mariam pane:	car. i	Genitrix intacta tonantis
De iusticia colenda	car. i	Diuam venerare potentem
In pestilenciam	car. i	Inuisa pestilencia
De vtilitate grece lingue	car. i	Quisquis grammaticam
De Natiuitate Domini	car. i	Phille vale valeat leua
In natalem eiusdem et laudem Marie	car. i	Proles patris omnipotentis
De passione eiusdem	car. i	Traditor exiguo
In resurrectionem eiusdem	car. i	Morte sua celi
De eiusdem leticia	car. i	Exors leticie sit nemo
Monasticha de laude Jesu	car. i	.. as siluas resonare pinu
Ad Rodolfum Langium et Her: Bus:	car. i	Nil est quod fieri nequeat
Ad Hermañum Buschium	car. i	Buschia clara fuit domus
Epitaphium Rodolfi episcopi Traiecteñ	car. i	Conditor hic presul .
Farraginem latine lingue	li. i	Latium olim dicabatur

Cōmentaria in secundam
parthenicen Ma: li. i
In doctrinale Allexandri li. ij
Quedam in grecis
Insuper alia multa illucubrauisse creditur, que ex oculis inquirencium negligencie custodia surripuit. Moritur tandem vir deo dilectus plenus dierum non sine studiosorum iactura, gemitu et singultu pauperum, quibus omnem facultatem substantie suc, quam pecuniosissimam habere putabatur, propter Deum in vita successiue erogauerat, quippe qui nec in morte relique quam in libris adhuc et vestibus perpaucis habebat (domo enim propria semper caruerat aliene pro precio mense particeps) alios quam Christi pauperes habere volebat (so!). Sepultus in templo diui Lebuini in sinistra chori abside secus introitum cripte ad sinistram manum Anno dñi Millesimo Quadringentesimo Nonagesimo Octauo in die Sancti Johannis euangeliste hora vesperarum occasum iam sole petente. Huius ego vltimus discipulus quinque dumtaxat mensibus, donec extremum clausisset diem, co vsus preceptore sub eius ferula primis grammatices rudimentis in octauo gymnasij illius loco siue ordine operam impendi.

Hegius trug den Namen von seinem Geburtsorte, dem Dorfe Heck bei Horstmar. In Deventer gebildet, war er von 1469—1474 in Wesel, hierauf zu Emmerich Rector der dortigen Gymnasien; bald aber begab er sich nach Deventer und wurde hier Gründer einer Schule, welche auf die Ausbreitung der klassischen Studien am Niederrhein und in Westfalen, ja selbst in weiterer Ferne einen unberechenbaren Einfluß übte. Vgl. Oberlehrer Dr. Heidemann, Vorarbeiten zu einer Geschichte des höheren Schulwesens in Wesel (Prgr. des Gymnasiums zu Wesel) 1859 S. 12 f. Ueber die Schule in Deventer s. Delprat, die Brüder des gemeinsamen Lebens S. 26 ff.

2. Johannes Ostendorp zu Deventer.

(fol. 55.) JOhannes Ostendorpius cognomento Bellert, natione Teutonicus, patria Westphalus, ecclesie Dauentriensis canonicus, vir in diuinis scripturis studiosus et in secularibus litteris egregie eruditus, philosophus orator et poeta celeberrimus, Dauentriensis Gymnasij et meus post pie recordationis Allexandrum Hegium, cuius supra mentionem fecimus, rector et gubernator dignissimus, ingenio prestans et sermone disertus atque facundia promptissimus, cuius ob egregiam tubalis eloquentie promptitudinem hoc cognomen Bellert inditum esse ferunt, qui abbatis nostri monasterij ante octo abhinc annos litteris pro personis sibi mittendis interpellatus me cum alio quodam bone indolis inuenit sed non in proposito constantem ad hunc locum pijs ac saluberrimis antea exhortatum monitis direxit, pro quo sit ei Deus exorabilis usque et propicius. Scripsit et scribit nonnulla utilis et iucunde lectionis sintagmata, quibus diuitem ingenij sui venam vibrans memoriam sui ad posteritatem demisit, e quibus ego dumtaxat vidi et legi subiecta

Ad Deum contra milites gregarios   li. i   Heus pater telo
Excitatio hominis ad Deum contra astrologos   li. i   Quid deos vanis
De virtute hominibus acquirenda   li. i   Qui voles felix
De contemptu viciorum et penis inferni   li. i   Quisquis eternas
Epistolarum ad diuersos   li. i

Viuit adhuc virili fruens etate et plura scribit Anno dñi 1.5.8. [b. h. 1508].

3. Jakob Fabri von Deventer.

(fol. 55.) JAcobus Fabri de Dauantria, natione Teutonicus, diocesis Traiectensis, philosophus et poeta celebris opinionis, vita deuotus ac simplex et in scripturis diuinis studiosus et eruditus, ingenio promptus et sermone scholasticus, Allexandri Hegij quondam in iuuentute auditor, a quo grecam linguam ac latinam perfectissime didicit, vir adeo studiosus ac bonarum artium amator et cultor indefessus, vt velut alter preceptor suus semper aut aliquid legat sibi aut dictet alijs. Scripsit et scribit vtroque stilo id est tam metro quam prosa multa et preclara ingenij sui sintagmata, que necdum in lucem omnia venire passus est, e quibus tamen aliqua mihi innotuerunt, subiecta scilicet

In mortem Allexandri Hegij epicedion   li. i   Occidiuas Phebus quando pergebat ad
Ottonis de Lippia episcopi Traiectensis   Illustris princeps dignus quem
Aliud eiusdem prolixum
Passio Domini prosaice   li. i
Historiam sancti Lebuini   li. i
Fundamentum logices   li. i
De laudibus sancti Jheronimi   li. i
Epigramaton   li. i
Epistole et carmina plura   li. i

Collegit et ordinauit eciam singula opera Hegij cum epistolis et argumentis eadem pulcherrime adornans, maxime carmina, quorum singula genera metrorum aut pedum preposuit. Viuit usque hodie Dauantrie varia componens sub Maximiliano Rhomanorum Imperatore An° d. 1.5.8. [1508] quo hec scribimus.

4. Johann Sinden oder Synthis zu Deventer.

(fol. 56.) JOhannes cognomento Synthis, frater domus Florentij in Dauentria ordinis eorum, qui se fratres de communi vita nominant, vir tam in diuinis quam in humanis scripturis et maxime in grammatica doctissimus, ingenio subtilis, eloquio scholasticus, vita et conuersacione deuotus, vtriusqne lingue predoctus, qui solario publico domus clericorum ibidem multis annis prefuit, vbi tam in virtutibus quam in bonarum litterarum sciencija claros discipulos usque hodie adhuc in diuersis gymnasija ecclesiis et cenobiis degentes erudiuit. Collegit et scripsit cum supramemorato Hegio, cui in componendis commentarija super doctrinale Allexandri Galli socius erat familiarissimus et comes indefessus et hoc sub tali· condicione, vt, qui prior altero vita defungeretur, illius et nomine liber intitularetur, quod et factum esse liquido constat. Extat siquidem illa ipsius egregia

Glosa super primam partem Allexandri	li. ì	Omnia nomina quibus latina.
Glosa super secundam	li. i	Grammatica est ars recte scribendi
In composita verborum comentum	li. i	A sipo composita
In verba deponentalia	li. i	Vescor cum potior

Et alia nonnulla que ad noticiam meam non venerunt. Claruit sub Frederico 3⁰.

Vgl. über Synthis Böcking (Ulr. Hutteni Opera Suppl. II S. 472), der auch die Biographie aus dem Auctarium mittheilt.

Das Werk des Synthis über die Composita verborum umfaßt fünf Alphabete zu je 6 Blatt in 4⁰. Der Titel fehlt in dem uns vorliegenden Exemplar. Das zweite Blatt beginnt:

A Sippo composita sunt obsipo dissipo dicta
Obsipo spargo notat dissipo diuidere
Ad pulli pastum quoque pertinet hoc sipo verbum
Suboque porcorum pertinet ad coitum.

☞ Sipo primo significat farinam ad faciendum pultem aquæ immittere. secundo est spargere edenda pullis Tercio est comminuere panem ad faciendum brodium. Obsipo est spergere vt non sunt indignis digna obsipanda Margaritas porcis noli obsipare Ignis indigus cineribus obsipatum queritet necesse est. teutonice wye vuer behouet moethet soeken in der asschen Dissipo primo est dilapidare et inutiliter expendere vt profuse sua dissipantem a tergo plerumque pauperies comitatur vel insequitur. teuto. dye in syn ioghet brast de ghaet in syn oltheit vm broet Substantiam qui in primis annis suam dissipat mendicitati in egra senecta operam det necesse est. Longo parta breuissimo tempore dissipat iste Est enim homo dissipatiuus suorum. een doerbrengher Secundo significat destruere. vt dominus dissipat consilia gentium. Dissipatos recolligat hic sensus. teutoni. laten besinnen Indignum reor dissipare meos sensus in re nihili et superuacua Insipo inbrocken. vt non est illic quod lacti insipent. i. paupertas. Prosipo voorbrocken vel dilatare Indo prosapia.

In gleicher Weife werben burch bas ganze Buch bie Compofita abgehanbelt. Die Hexameter rühren von Johannes de Garlandia her (um 1040). Am Schluß:

❡ *Finiuntur Compofita verborum Pauentriȩ impreſſa. In platea epi. Anno dni. M. cccc. rc. Decimafeptia Octobris.*

5. Jakob von Gauba.

JAcobus de Gaudano, eiusdem domus Florentij in Dauantria deuotarius et prefati Johannis Synthis in domo clericorum in officio lecturatus successor, vir utique tam in diuinis quam in secularibus litteris studiosissimus et grece lingue non ignarus, exemplo precessoris sui, cuius discipulus fuerat, studiose iuuentutis tum in litteris tum in virtutibus diligentissimus institutor. Scripsit quedam non spernende lectionis opuscula, quibus se memoratu dignum reddidit. E quibus extat vtilissimum
In Allexandrum de villa dei comentum li. i

Et alia quedam mihi non reuelata. Claruit sub Frederico 3⁰ et Maximiliano.

6. Heinrich von Amersfoort.

HEnricus de Ammorsfordia, natione Teutonicus, patria Westphalus, relligione presbiter et ordinis fratrum de comuni vita domus Florentij in Dauentria, Joannis Synthis quandoque discipulus et confrater Jacobi prememorati atque successor, homo certe tam sacrarum quam humanarum litterarum longe (ſo!) exercitatione peritissimus, philosophice oratorie et poetice facultatis cultor et enucleator clarissimus, ingenio subtilis et acutus, eloquio suauis, apertus, et vt parte loquar verum valde facetus, et iocundus auditoribus suis, grece quoque lingue, quam tam proprio studio quam ab Allexandri Hegij superius tacti eruditione didicerat, doctissimus. Scripsisse fertur quedam non spernende lectionis in vtraque lingua opuscula, que et publice legisse sed subtacto humilitatis causa auctoris nomine celasse dicitur. E quibus ipse ego ex ore eius ista ad pennam suscepi.

Vocabularium grecum   li. i   Nulli de greco nocet istud scire
Prelectio in 2ᵃᵐ partem Allexandri li. i   Queritur quid est gramatica
Comentarium   li. i   Hic auctor docet
In tractatus Petri Hispani   li. i

Et alia plura, que ad agnitionem meam nondum venerunt. Moritur sub Maximiliano thoracis strictitudine anhelans Anno. d. 1.5.4. [1504] sepultus in nouo cimeteriolo fratrum suorum secundus, non sine studiosorum querela.

7. Johannes Cäsarius aus Jülich zu Deventer.

[fol. 151.] [J]Ohannes Cesarius, natione Germanus, patria Juliacensis, vir in litteris humanitatis atque in diuinis scripturis studiosus, ingenij pollens et sermonis claritudine, scripsisse fertur quedam exacte latinitatis opuscula metro prosaque elaborata, quibus noticiam sui nominis studiosis significauit. Legi eius carmen in Stychologiam Jacobi Gaudensis [et epistolam et argumentum in epistolas Flacci Horatij]. Cetera nondum vidi. Viuit adhuc Dauentriensis lector. (Das in Klammern gesetzte steht am Rand.)

Diese kurze Skizze von dem früheren Leben des Cäsarius ist nicht ohne Wichtigkeit, weil wir aus ihr ersehen, daß er eine Zeitlang zu Deventer Lehrer war. Cäsarius ist für die Entwickelung des Humanismus in dem Rheinland und Westfalen entscheidend gewesen und verdient darum eine eingehendere Biographie, wozu die Grundlage von mir in der Zeitschrift des Bergischen Geschichtsvereins VI S. 224 ff. gelegt ist. Böcking hat das bis dahin über ihn veröffentlichte zusammengestellt in U. Hutteni Opera Suppl. II S. 333 f. und babei auch obige Stelle aus dem Auctarium abbrucken lassen, aber mit einem störenden Fehler gerade in der Notiz, welche von Bedeutung ist: er hat statt lector, wie die Abbreviatur an der betreffenden Stelle allein aufgelöst werden darf, litterator gesetzt. Ich bemerke außerdem noch, daß allerdings in der Hf. ingenio pollens, wie B. gibt, als ursprüngliche Lesart steht, daß aber ingenij daraus gemacht ist.

8. Arnold von Hildesheim in Emmerich.

(fol. 54.) Arnoldus de Hildeshem, natione Saxo, Embricensis olim gymnasij moderator sagacissimus, vir in diuinis scripturis probe cruditus et in secularibus litteris egregie doctus, philosophus poeta et orator quam prestantissimus, ingenio excellens et disertus eloquio, metro exercitatus et prosa, fertur vtroque stilo quedam cudisse ingenij sui sintagmata, quibus nomen suum cum celebri memoria ad posteros transmisit.

De passione domini	li. i	Deus omnipotens fecit hominem
De grammatica	li. i	
Varia et grauissima carmina	li. i	Omnia si fuerint plena

Et alia plura, que nondum ad meam lectionem venerunt. Moritur mente in Deo porrectissima sub Maximiliano Rhomanorum rege A^{o.} dñj 1.5. [1500].

9. Lambert von Venrad in Emmerich.

[fol. 55.] Lampertus de Venray, nacione Siccamber, predicti Arnoldi in regimine successor, philosophus et poeta non spernendus, ingenio subtilis et eloquio compositus, metro et prosa exercitatum habens ingenium. Scripsisse nonnulla fertur.

Carmina culta	li. i	O pater omnipotens cunctum venerande
Et quedam alia. Viuit adhuc.		

10. Gilbert von Calcar in Emmerich.

[fol. 55.] GElbert de Calcar, natione Teutonicus, patria Cliuensis, ordinis fratrum clericorum domus Gregorij in Embrica in communi viuencium, vir in diuinis scripturis notabiliter instructus et in secularibus litteris maxime in grammatica et poetis exponendis luculentissimus, ingenio subtilis et sermone facundus, grece lingue et latine puritatis studiosissimus, vita et conuersacione singulariter scholasticorum ferme xij [12] annis vigilantissimus instructor, metro et prosa exercitatus. Scripsisse nonnulla gemino stilo preclara sintagmata, quibus ingenium suum vtiliter occupans memoriam sui ad posteros transmisit, e quibus habentur

Ad Michaelem Hoebingium	li. i
Carmina diuersa super se. et ȳ^u	li. i
Epistole plures non inelegantes	li. i
Et plura alia.	

Preterea pro auditorum suorum vtilitate diuersa poetarum volumina percurrens nunc istum nunc illum versum aliquando dimidium nonnumquam particulas memores suo proposito aptas subtili quadam industria assumens familiarium orationum insigne congessit opusculum. Moritur tandem ex pectore laborans iuuenis admodum immaturo preuentus fato non sine magna studiose iuuentutis iactura sub Maximiliano rege Anno dñi 1.5.4. [1504]. Sepultus in cimiterio fratrum suorum. Cui Jacobus Sibertinus, eius iam pridem discipulus et nostri monasterij nunc monachus, cuius infra mensionem (jo!) faciemus instructum inuenit epitaphium, cuius inicium est.

(Hier bricht die Lebensskizze ab.)

11. Jakob Siberti aus Münstereifel.

(fol. 103.) Jacobus Siberti, natione Monogallus alias Euflianus, ex oppido, quod Monasterium nuncupatur, oriundus, monachus nostri monasterij Lacensis ordinis diui patris Benedicti, Arnoldi quondam Embricensis gymnasiarche doctissimi, cuius supra memoriam habuimus, in liberalibus disciplinis auditor et predicti Coruellonis condiscipulus, Lamperti vero ipsius Arnoldi iam defuncti in regimine successoris, cuius itidem superius mentionem fecimus, in ludo litterario ad tempus coadiutor, utputa sexti eiusdem gymnasij loci siue ordinis scholasticorum lector ac tandem ad religionem conuersus in monastica et regulari disciplina discipulus meus acceptissimus, homo certe in sanctis scripturis studiosus et secularis philosophie omnisue bone litterature ac artis ingenue disciplinis imbutus, ingenio prestans, subtilis et acutus, eloquio clarus atque compositus et purioris Rhomane lingue omnisque antiquitatis indagator et cultor solertissimus, Grece quoque lingue oppido studiosus, vita et conuersatione deuotus, metro excellens et prosa, cuius studij suauitate et dulci cohabitacione instar corculi mei partis cum iuconditate fruor, dignus profecto magisterio suo iuucnum (est enim fratrum magister), quippe cui ob docile mentis sue ingenium feruensque iuge studium eius noticiam habentes quique docti afficiuntur viri, quem et Trit[h]emius noster, hac nostra tempestate omnium bonarum litterarum princeps, suis in litteris quam plurimum commendat et amat, de quo quia presens superest meum judicium in presentiarum subtraho, ne vel in alterutram partem aut adulatio in me reprehendatur aut veritas. Scripsit vero studiosissimus hic tam carmine quam oratione soluta multa pro eruditione legentium et deuotione viuacissmi ingenij sui commendanda opuscula, quibus se et presentibus vtilem et posteris prebuit memorabilem, ex quibus extant subiecta

Variorum carminum ad me	li. i	Sepenumero demiratus sum preceptor
Bucolicorum carminum	li. i	Lentule cur summo stertis
De bello inter Cliuenses et Gelrenses	li. iii	Quis non miretur felicia secula
De bello inter Pal. et Lantgra.	li. i	Bella per allæmanos
In Panepistemon fratris Crisanti	li. vi	Cum nuper mihi iubendo
Meditationum post completorium	li. i	Cum diui Bernhardi
De veneratione s. virginum Ca. et Bar.	li. iij	Reuerendo in Christo patri
De vtilitate silentij	li. ij	Si Pithagoricis [1]) forem institutus
De compassione beate Marie	li. i	
In Regulam metrice	li. i	Exigit vtilitas
Ad beatam vir. Ma. Eucharisticon	li. i	Alma dei genitrix superum
Genetliacon saluatoris	li. i	Criste qui fontem supereffluentem [2])
De sancto Benedicto	li. i	Stirpe preclara satus
De sancta Scholastica	li. i	Votiuis celebrent annua
De sanctis Crisancto et Daria	li. i	Crisanctum et Dariam triplici
Allegoria de fundatione Laci	li. i	Anno ab initio mundi
De sancta Anna rosarium	li. i	
Panegiricon ad me	li. i	Gesta virum vates
Didascolicon ad Philippum Haustulum	li. i	Si cupis insignis
Panigiricon ad doctorem Bensrot	li. i	Splendide virtutum cultor
Panigiricon ad Rodolphum Langium	li. i	Quem genus approauis
De commendatione humilitatis	li. i	
Meditatorium dominicæ passionis	li. ii	
De calamitatibus huius temporis	li. i	
De sanctis[3]) fide spe et charitate	li. i[4])	

Et quedam alia; que tam ad me quam ad diuersos alios de varijs rebus edidit et matcrijs tempore suo in lucem emergenda. Viuit usque hodie in Lacu studiorum meorum vnicus et amantissimus mihi comes

---

[1]) So ist die Abbreviatur aufzulösen, nicht mit Böcking pithagorice.
[2]) So steht in der Handschrift, nicht superfluentem, wie Böcking gibt.
[3]) Die Handschrift hat scis (d. i. sanctis), nicht sns, wie bei Böcking steht.
[4]) Es war in der Handschrift zu Nachträgen Raum gelassen; auf diesem sind die vier letzten Werke später hinzugefügt, aber von einer gleichzeitigen Hand.

et varia conscribit annos natus 5. de triginta A°· d. quo hec scribimus 15 nono sub Maximiliano et Julio papa 2°·

Diesen seinen treuen Freund und Mitarbeiter im Kloster Laach erwähnt Butzbach auch im Hodoeporicon (fol. 40), wo er von dem Aufenthalt in Emmerich bei Gelegenheit seiner Reise von Deventer nach dem Kloster berichtet: Vnde (von Heerenberg) surgentes ad Embricam oppidum Cliuense ludo litterario et diuitijs famosum, quod medio duntaxat a predicto distabat miliario diuertimus jbique a religiosis fratribus caritatiue suscepti peractis rebus diuinis (erat enim dies dominicus et festiuitas sancti Nicolai) humaniter tractati sumus. Inde cum benedictione eorum, inter quos Jacobum nostrum Sibertinum — si bene memini — claudicantem vidimus, recedentes Rhenum transiuimus multo timore perculsi. Erat enim totus glacie opertus et quidem tam solidum transeuntibus iter prebebat, vt etiam curribus onustissimus accole transmeare minime dubitarent. Vergente iam ad occasum sole iter nostrum acceleratiori pede ad Calcar oppidum tetendimus.

Siberti trat 1503 im Kloster Laach ein, und Butzbach überließ ihm bald das Lehramt bei den Novizen, das er bis dahin geführt hatte. Die in der Bonner Universitäts=Bibliothek noch handschriftlich vorhandenen Werke des Siberti zählt Böcking (U. Hutteni Opera Suppl. II, S. 468) auf. Derselbe theilt dort auch die obige Stelle des Auctarium mit. Es war aber bringend geboten, sie hier nochmals abzudrucken, weil Siberti in den von uns herausgehobenen Kreis von Gelehrten hineingehört.

12. Heinricus von Emmerich.

(fol. 145). [H]Einricus de Embrica, natione Germanus inferior, artium et medicine egregius professor et diuinarum non ignarus scripturarum ingenibsus et eloquens lucubrandique studio deditus conscripsisse fertur quedam haud inutilia facultatis sue sintagmata tempore suo in lucem producenda. Viuit adhuc apud Frisones in precio habitus 1511.

13. Michael Hoebing zu Wesel.

(fol. 54). MIchael Hoebingius, natione Teutonicus, patria Westphalus, vir secularis litterature disciplinis egregie doctus, philosophus orator et poeta ac musicus famosissimus, diuinarum quoque scripturarum non ignarus, ingenio excellens et facundus eloquio, et scholasticorum regimine (quod iam dudum apud Wesaliam inferiorem circiter viginti annos vt fertur strennuissime ac laudabiliter tenuit) non indignus, quippe quem etiam ipse Rhomanorum tunc rex nunc vero

Imperator victoriosissimus Maximilianus visis et perlectis eius doctissimis carminibus et ad suam mensam inuitauit et muneribus ac laudum preconijs mirabiliter honorauit. Scripsisse fertur nonnulla preclara gemini stili opuscula, quibus memoriam sui cum claritate ad posteros transmisit, de quibus nihil preter subiecta innotuere mihi

Ad Maximilianum regem	car. i	Quem genus a proauis
Ad Allexandrum Hegium	car. i	Ite per insolitos tandem [1])
De potencia animi	car. i	
In mortem magistri Arnoldi	ele. i	
Carmina annalia	li. i	
Epigrammata varia	li. i	
Epistole plures et elegantes	li. i	

Et quedam alia suo tempore in lucem emergenda. Viuit adhuc apud prefatam vrbem magno in precio habitus, vbi et resignato gymnasij sui regimine vicariatus et vt dicitur archigraphi munere fungitur ac plurima ingenij sui sintagmata indies conscribit. Habet et ipse filium nomine Gerhardum appellatum, cuius admirandum ingenium et singularis tum eruditio tum eloquencia multos alios philosophie doctores longe precellit, paternam disciplinam per omnia sequentem. Quem etiam varias studiorum suorum lucubraciones genitoris exemplo prouocatum cudisse perhibent, jn quibus ingenij sui viuacitatem ostendit sed nihil eorum ad[huc] mihi innotuit. Hic dum patri in regimine coadiutor ac postea Troiane alias Xantensis schole iubernator (so!) existeret, magnam sibi famam docendo et legendo apud auditores suos liberalibus disciplinis nobiliter ab eo instructos comparauit.

Was in Weseler Quellen über Höbing vorkommt, (der Name erscheint in dortigen Urkunden in den Formen Hobynck, Hoebynck und Hubynck), hat Oberlehrer Dr. J. Heidemann in seinen Vorarbeiten zu einer Geschichte des höheren Schulwesens in Wesel (Programm des Gymnasiums zu Wesel 1859, S. 14) zusammengestellt. Höbing wurde 1486 angestellt und kündigte 1505; damit stimmt also die Angabe Butzbachs, daß er ungefähr zwanzig Jahre der Schule vorstand.

14. Gerhard Fredis aus Westfalen.

(fol. 113.) [G]Erhardus Fredis natione Westphalus, canonicus regularis, homo in diuinis litteris studiosus et secularis litterature non ignarus, versificator clarus, scripsit
Variarum carmina rerum   li. i

---

[1]) Vergl. oben S. 24.

Epistolas ad diuersos et multa alia. Viuit adhuc in conuentu suo proximo patrie.

Wie aus der in dem Auctarium folgenden Biographie Konrads aus Hessen hervorgeht, besuchte Gerhard unter Heinrich von Amersfoort die Schule in Deventer. Wir haben ihn deshalb hier eingereiht, wo wir eine Anzahl Schüler dieser Anstalt zusammen stellen.

15. Konrad (von Fritzlar?) aus Hessen.

(fol. 113.) [C]Onradus Fuerßlarie, natione Hasso, homo studiosus et exercitate litterature, supranotati Heinrici de Ammersfordia quandoque auditor, ingenio clarus et eloquio scolasticus, metro exercitatus et prosa. Scripsit quedam ingeniosa sinthemata, dum adhuc Dauentriæ sub predicti et aliorum ferula scolasticis disciplinis operam impenderet, quibus viuacitatem ingenij sui cum predicto Gerhardo ostendebat, scilicet

De varijs rebus carmina   li. j
fabulam de gallo   li. j

Et quedam alia. Quid autem interea lucubrarit, me latet. Viuere adhuc dicitur.

Vgl. die Bemerkung zur Biographie von Gerhard Frebls. Wahrscheinlich ist Fuerßlarie aus Fritzlarie entstellt.

16. Balthasar von Göttingen.

(fol. 114.) [B]Althazar de Goetingen natione Saxo, auditor quondam Bartholomei Coloniensis, homo studiosissimus et continue lectionis, ingenio tam acutus et promptus, vt etiam ipsi preceptori suo admirabilis sit visus, quandoquidem in dictaminibus suis tum metro tum soluta compositis oratione illud laudabiliter quottidie sub dicto magistro exercitans omnes alios condiscipulos suos in gymnasio Dauentrino facile excelluerit, a quo etiam tandem pro altiori profectu in rebus litterarijs consequendo ad vniuersitatem Parisiensem transmissus et promotus fuit, vbi usque hodie philosophari perhibetur.

17. Paul von Kitzingen.

(fol. 113.) [P]Aulus de Kitzingen, natione Francus originalis (jo!), homo studiosus et eruditi ingenij, artium quas liberales dicunt apud Coloniam professor egregius, et diuinarum scripturarum non ignarus, metro et oratione soluta varia ingenij sui sintagmata pure latinitatis, etiam dum Dauentrie adhuc mecum inferioribus scientijs erudiretur, componere exorsus fuit, quorum titulos a memoria tulit obliuio. Viuere adhuc dicitur apud suos varia conscribens, quibus memoriam nominis et studij sui apud posteros obtinebit sub Maximiliano et Julio 2°· 1509.

Ueber die Begabung des Paul von Kitzingen spricht Bußbach auch im Hodoeporicon Bl. 39. Er erzählt, Paul sei mit einem gewissen Petrus aus Speier zu gleicher Zeit examiniert worden und nebst diesem sofort in die dritte Klasse gesetzt worden, was nur selten vorkam: Erat autem [nämlich Petrus] iuuenis etate de Neometensi id est Spirensi ciuitate oriundus missusque illic a ludimagistro Heidelbergensi et rectori gymnasij specialiter commendatus, qui aduenientem eum cum alio quodam de Kitzingen, Paulo nomine, ambos sane in scolasticalibus rudimentis notabiliter eruditos ad tercium, quod quidem raro alijs contingit, examinauit et locauit locum, quorum etiam post dimidij anni sessionem alter primus in ordine cum ingenti laude, quam examinanti se per omnia promptissime respondendo accipiebat, ad secundum migrauit locum. Audebat hic etiam cum Bartholomeo sepe disputare, qui et ipsius multum demirabatur ingenium. Eratque nobis Francis originalibus magno decori et honori, qui facile inter omnes scolasticos principatum tenere cernebatur.

18. Hieronymus von Neuß.

(fol. 114.) [H]Ieronimus de Nussia, natione Teutonicus, homo studiositate in litteris et scientiis philosophicis, dum Dauentrienses mecum frequentaret scolas, nulli secundus, ingenio subtilis, eloquio facundus et puritatis linguæ latine studiosissimus et ob hoc magistris suis et Bartholomeo prememorato precipue precharior ceteris condiscipulis, qui tanta attentione et auiditate iugiter preceptores audiebat suos, vt nullum vnquam omnium ab eis vel lectum vel dictum transire pateretur, quod non tam penna excipiendo libello quem rapiarium dicimus inararet, quam etiam auditum intelligendo memorie firmiter commendaret et retineret. Multa quoque et varia vtroque stilo tunc scribere coepit, que postea in certos libros et titulos digesturus erat, de quibus vnum hunc mihi ostendit acurato stilo
De varijs philosophie questionibus li. i
Carminum varijs de rebus li. i
Epistolas quoque plurimas eleganter lucubratas. Viuere eum adhuc apud suos credo.

19. Rutger von Neuß, Benedictiner in Weißenburg.

(fol. 90.) RVtgerus de Nussia, nouicius monasterij Wissenburgensis ordinis diui Benedicti, ex clerico ordinis fratrum in communi viuentium congregationis Dauantriensis, natione Teutonicus ex diocesi Coloniensi, vir in diuinis scripturis studiosus et secularis philosophie non ignarus, ingenio promptus et eloquio clarus. Scripsisse dicitur in Allexandri doctrinale quosdam non spernende lectionis pro studiose iuuentutis, cui pluribus annis ibidem legendo et docendo utiliter prefuit, institutione commentarios, Carmina quoque et plura alia quedam mihi incognita. Viuit adhuc in dicto monasterio, vbi et eum post professionem varia scripturum spero sub Maximiliano Imperatore Anno dñi Millesimo 5ᵗ nono.

20. Martin von Rodenberg, Minorit in Bruel.

(fol. 130.) MArtinus de Rodenbergh, natione Teutonicus, patria Desertinus, proprie Oderwaller, ordinis fratrum minorum diui Francisci de obseruantia Bernhardiniana, auditor quondam Allexandri Hegij Dauantriensis et noster condiscupulus, vir certe in sacris scripturis iugiter studiosus et probe exercitatus, secularium quoque litterarum apprime eruditus, ingenio prestans et eloquio clarus, vita et conuersatione regulari exemplaris atque in declamandis ad populum sermonibus satis superque ydoneus. Scripsit quedam non spernende lectionis sintagmata, quibus nomen suum ad posteritatis noticiam cum laude perueniet, sed ego nihil eorum adhuc videre merui preter carmen quoddam et ad me epistolam, in qua me a vanis secularibus litteris ad diuinas inuitat scripturas. Viuit adhuc in conuentu Brôlensi predicator insignis vicem gardiani gerens etate virili anno dñi quo hec scripsimus 159 [1509].

21. Peter von Oberwesel, Minorit in Koblenz.

(fol. 122.) [P]Etrus de Wesalia superiori patria Rhenensis, ordinis fratrum minorum de obseruantia, etate quidem adhuc iuuenis sed studio et doctrina virilis, diuini verbi preco imperterritus, quod indefesso labore tam ad clerum quam ad populum cum magno audientium stupore quottidie in agro dominico disseminare laborat, in quo quidem negotio magni et excellentis ingenij gracie et facundie singularis existens, velut apis argumentosa, quicquid seorsum ex continua scripturarum lectione meditatione et contemplatione concipit, pro salute Christi fidelium in aures audientum fidelissime conspergit. Sed nec presentibus tantum verum etiam futuris prodesse cupiens sermonum et collationum suarum copias quasi medullam ex varijs doctorum scriptis subtiliter oxcerptas in vnum collegit volumen, cui indies plura adijcere curat, que lectoribus eorum quandoque non inaccepta erunt. Condiscipulus hic noster quondam in gimnasio fuit Dauentrino sub Allexandro Hegio et Bartholomeo Agripinensi preceptoribus doctissimis, a quibus in triuialibus scientijs et alijs bonarum litterarum disciplinis probe institutus apud Zutphaniam supramemoratum ingressus est ordinem. Viuit adhuc in Confluentino iam constitutus conuentu scripturarum studio et predicationis officio iugiter intentus nec minus vita et conuersatione deuota quam scientia et doctrina famosus aº· dñi 1509.

22. M. Quirinus Wilich zu Köln.

(fol. 114.) QVirinus Wilich patria Coloniensis diocesis, homo in secularibus et philosophicis apprime studiosus et eruditus atque diuinarum non ignarus scripturarum, condiscipulus quondam noster et auditor Allexandri Hegij atque Bartholomei supra dicti, memorati quoque Jeronimi[1]), cum quo certatim in studijs et dictaminibus mirabiliter lucubrabat, cordialis amicus, cum quo etiam ex predicto gimnasio se ad vniuersitatem Coloniensem proripiens ibi post adeptum magisterij gradum in bursa Laurentiana usque hodie in philosophicis facultatibus publica lectione magnam sibi vbique famam comparare dinoscitur varia conscribens opuscula.

Quirinus Wilich wurbe 1500 zu Köln inscribiert, 1503 kommt er im liber facultatis artium (fol. 24ᵇ) unter den Magistranben vor als Quyrinus de Wylich (eine spätere Hand schrieb babei hic postea legit in bursa Laurentii et factus est sacre theologie licentiatus deinde suffraganeus Coloniensis), 1505 beşgleichen: Item eadem congregatione (die S. Egidii) receptus est ad concilium facultatis artium Mag. Quirinus de Wilick et die post Decano iuramentum prestitit iuxta modum facultatis. 1511, 1512, 1513, 1514 wird er unter den Examinatoren genannt, 1517 und 1521 bei den Magisterpromotionen, 1520 ist er Decan (babei fügt eine spätere Hand hinzu: eo tempore decanus iam episcopus Cyrenensis). 1537 wird sein Tob erwähnt: In profesto Martini episcopi obiit Reuerendus episcopus Cyrenensis Quirinus de Wylich vicarius reuerendissimi in pontificalibus, wozu eine spätere Hand beischrieb: cui successit r. d. Ioannes Nopelius Lippiensis gymnasii Laurentiani professor.

23. Petrus Ravennas.

Auch diesen gelehrten Wanderer, der als Rechtslehrer und wegen seines erstaunlichen Gedächtnisses zu seiner Zeit hoch gefeiert wurde,

---

[1]) Des Hieronymus von Neuß (siehe oben).

hat Johannes Bußbach in sein Auctarium aufgenommen. Gerade zu der Zeit, als dieses Werk entstand, lehrte Ravennas in Köln (1507—1508), wo Bußbach Gelegenheit hatte ihn einmal zu hören. Wir wollen den sehr umfangreichen Artikel über ihn hier nicht wiederholen, da bereits Böcking (Ulr. Hutteni Opera Suppl. II, S. 450 ff.) ihn hat abdrucken lassen, benutzen aber die Gelegenheit, aus einer Kölner Universitäts= rechnung des Dr. jur. Adolf Eichholz eine Notiz über Petrus Ravennas mitzutheilen:

Anno 1507 venit huc ex Italia nempe Rauenna venerabilis et egregius vir Petrus Rauennas, eques auratus insigniter doctus et preclare memoriæ. Porro qui assumptus de consensu nostrarum facultatum et Senatus publice docuit in nostris scholis primo Jus Canonicum ex compendio Juris Canonicj proprio. Similiter et compendium Juris ciuilis. Denique artem memoratiuam et eiusmodj continuauit ad vigintj menses seu circiter, et antequam recederet habuit toto tempore predicto, quo fuit Colonie, ad Minores in refectorio eorum singulis diebus dominicis etc. coram valde multis Latinum sermonem et preterea Latinum valete, quod impressum est, quemadmodum etiam predicti sermones Latinj. Tandem coactus est hinc recedere propter causas et profectus est Wormatiam, vbi tum servabatur Judicium Cameræ Imperialis, et ibi ego et collega meus iturj in Italiam loquebamur illi et salutabamus.

Wir lassen aus dem Auctarium zwei Schüler des Petrus Ravennas folgen, welche ihn wahrscheinlich zu Köln gehört haben.

24. Marcus Picardus aus Aachen.

(fol. 151.) Marcus Picardus, patria Aquensis, et ipse homo studiosus et satis egregiæ eruditus, discipulus Petri Rauennatis, in vtroque iure diligentissimus, metro et prosa exercitatus, quibus nonnulla scripsisse dicitur ingenij sui acutissimi laudabilia monjmenta, e quibus quedam legi carmina ad dictum Rauennatem edita, alia nondum vidi.

---

1) Die Rechnung führt die Ueberschrift: Computatio mej Adolphi Eicholtz Coloniensis, artium et vtriusque iuris Doctoris et sacrorum Decretorum ordinarij, de officio receptorum et expositorum ratione testamenti eiusque executionis venerabilis et egregij quondam virj dominj et magistrj Lopponis de Zericzea Hollandiæ artium et vtriusque iuris Doctoris almæ vniuersitatis studij Coloniensis. Adolf Eicholz hat am Schluß die ihm bekannten verstorbenen Rechtslehrer in Köln verzeichnet und führt unter denjenigen, welche er selbst noch gekannt hat, Petrus Ravennas an erster Stelle auf.

25. Cornelius Licinius.

(fol. 151.) Cornelius Licinius, eiusdem Marci prefati sub eodem magistro Petro doctore clarissimo condiscipulus studiosus quidem et viuacissime eruditionis, ingenio subtilis et eloquio clarus, metro et prosa instructus. Scripsit in laudem magistri sui quod legi epigrammatium non inelegans et quedam alia que nondum mihi innotuere.

26. Heinrich Einhorn (Unicornis) aus Wesel.

(fol. 64.) Henricus Vnicornis, vulgariter Eynhorn, natione Teutonicus, homo in seculari litteratura apprime eruditus, ingenio prestans atque sermone, metro exercitatum habens ingenium et oratione soluta. Scripsit quedam vtroque stilo studij sui monumenta, sed nihil eorum adhuc vidi preter epistolam
Ad Georgium Sibutum   car. i Dulcisono magnum
Viuere eum adhuc puto et varia conscribere sub Maximiliano.

Wir lassen hier, in derselben Reihenfolge wie sie in der Handschrift des Auctarium stehen, die Biographien von drei Männern abdrucken, welche in näherer Beziehung zu Georg Sibutus standen, vielleicht alle drei dessen Schüler waren, wie es von dem einen, dem Johannes Antonius Lucilius, ausdrücklich angemerkt ist. Der zu seiner Zeit als lateinischer Dichter gefeierte Sibutus lehrte in den ersten Jahren des 16. Jahrhunderts zu Köln die Rhetorik. Vgl. über ihn Böcking (Ulr. Hutteni Opera Suppl. II, S. 469 ff.), welcher die Biographie desselben aus dem Auctarium mitgetheilt hat.

Cäsarius erwähnt den Heinrich Einhorn in einem Briefe an Reuchlin (ep. ill. vir. x 4): Henricus Monocerus alias de Wesalia. Wahrscheinlich ist es also der Dns Henricus de Wesalia, welcher nach den Facultätsakten 1506 decretorum baccalaureus wurde. Er darf nicht mit einem älteren Henricus de Wesalia verwechselt werden, über den ich folgendes im Album der Universität Köln gefunden habe:

1486, Aug. 4. Heynricus de Wesalia, clericus Coloniensis, ad artes — non iurauit, quia minorennis, sed promiserunt amici, ut, cum ad etatem debitam peruenerit, iuramentum prestabit — nihil soluit, quia amicus domini doctoris magistri Bercka, substituti rectoris tunc temporis. Eine spätere Hand schrieb hinzu: iurauit anno 92 27 Junii.

Bei der Rectorwahl 1494 wird unter den intrantibus aufgeführt: Henricus de Wesalia, decretorum doctor.

Auch 1495, 23. Mai, findet sich im Album von Köln ein: Henricus de Wesalia inferiori Colon. dioc. ad artes iurauit et fuit pauper.

27. Johannes Antonius Lucilius.

(fol. 64.) IOhannes Anthonius Lucilius, homo in disciplinis secularibus excellenter instructus, Georgij Sibuti quondam auditor atque discipulus, ingeniosus admodum atque facundus orator et poeta haud abijciendus. Scripsit gemino stilo nonnulla ingenij sui argumenta, ex quibus saltem hactenus eius

Ad preceptorem suum panigiricon car. i Infimus alternis crebro.

Cetera que composuit nondum videre potui. Vivit adhuc indies plura conscribens sub Maximiliano Rhomanorum Imperatore.

28. Jakob Cantor.

(fol. 64.) IAcobus Cantor[1]), homo in litteris humanitatis oppido edoctus, poeta laureatus, ingenio subtilis, eloquio cultus atque facundus. Scripsit nobilis ingenij sui et professionis nonnulla egregia opuscula sed nihil eorum ad meam adhuc venit noticiam preter ad Sibutum epistolam metrice epi-

gramma   car. i Sic tibi bella tuum.

Viuit adhuc vt autumo et plura componit sub Maximiliano etc. Ob Jakob Cantor aus der unten vorkommenben Friesischen Familie Cantor stammte, ist uns unbekannt.

29. Philippus Alberti von Neuß, Carmeliter in Köln.

(fol. 43.) PHilippus Alberti, de Nussia oppido Coloniensis diocesis oriundus, ordinis fratrum beate Marie semper virginis de monte Carmeli conuentus Franckfordensis, sacre theologie baccalarius formatus, vir in diuinis scripturis studiosus et eruditus atque in philosophia Aristotelica egregie doctus, ingenio subtilis et clarus eloquio, qui primum in gymnasio Parisiensi at nunc in Coloniensi palestra sua erudicione et morum honestate Carmelum ornat. Scripsit quedam non abijcienda volumina, de quibus ego tantum reperi subiecta

Super cantica canticorum   li. i
Sermonum   li. i
Super summas   li. iiij
Contra Wigandum epistola seu   li. i
Epistolarum ad diuersos   li. i

Viuere adhuc dicitur in gymnasio Coloniensi sacris litteris studiose incumbens sub Maximiliano Imperatore Anno dñj Millesimo. 5. viij (1509).

---

[1]) Dem o ist später unten rechts ein Strich angehängt, als ob ein e daraus gemacht werben sollte.

30. Gotfried Candelarii, Prior der Carmeliter in Aachen.

(fol. 44.) GOdefridus Candelarij, prior conuentus et fratrum ordinis beate Marie, semper virginis de monte Carmeli in vrbe regia Aquensi, vir in diuinis scripturis studiosus et eruditus et in secularibus litteris non mediocriter doctus, ingenio acutus et disertus eloquio, declamator sermonum egregius, fertur quedam preclara cudisse opuscula, que necdum venire in lucem passus est.

Extant eius ornatissimi
Sermones de tempore	li. i
Sermones de sanctis	li. i
Oraciones varie ad clerum	li. i
Epistolarum ad diuersos	li. i
Oracionem pro coronatione regine	li. i

Et alia plura. Viuere abhuc dicitur et varia scribere Anno dñi 1.5.8. [1508.]

31. Johannes Corvello aus Eußkirchen.

(fol. 101 A.) JOhannes Coruello, natione Theutonicus, patria Juliacensis, ex oppidulo Euskirgen oriundus, et ipse antefati coenobij montis domini precursoris, quod in jnsule Rheni medio amenissime situm cernitur, monachus ordinis beatissimi patris nostri Benedicti, homo certe bonarum litterarum disciplinis apprime eruditus et sacre scripture studiosissimus, ingenio alacer et acutus, sermone promptus atque compositus, conuersatione deuotus, versu valens et prosa, suprapositis indefessus studiorum comes. Scripsit adhuc capellanus domini Johannis de Segen, quondam Abbatis sui, pro vtilissima viuacissimi ingenij sui exercitacione vtroque stilo multas deuote lectionis haud abijciendas lucubratiunculas, quibus et animi deuoti feruorem et studij sui ardorem ad posteros cum laude transmittit. E quibus pridem mihi ostendit

De passione domini rosarium	car. i	Christe sator secli
De eadem saphicum	car. i	Nobilis Jesu genitrix
De sancto Benedicto	car. i	Gaudeat felix nimium vetuste
Panegirin ad abbatem suum	car. i	
Dialogum jnter Mariam et puellas	li. i	
Dialogum alium inter Jesum etc.	li. i	
De falso amico et miseria huius vite	li. i	Quisquis es in mundo.
Epistolarum ad Magistrum Anthonium	li. i	

Et alia multa de diuersis rebus tam metro quam prosa edidit opuscula, quorum titulos obliuio a memoria tulit. Viuit hucusque litteris tam diuinis quam humanis iugiter intentus sub Maximiliano et Julio 2. Anno domini 1.5.9. [1509] etatis sue 3mo.

Ein Theil von den genannten Gedichten des Johannisberger Mönches Corvello steht auf den letzten Blättern des Handschrift, welche das Hodoeporicon und das Auctarium Butzbachs enthält, unter der Ueberschrift: Syluula carminum fratris Joannis Curuellonis Vbij de Euskyrgen cenobite Rynckaugiensis ordinis diui patris Benedicti ad religiosum litteratumque patrem Joannem Boutzbagium Miltenburgium Priorem in Lacu studijs optime fruentem.

Der Biographie gehen voraus die Vitae von Petrus Slarpius und Johannes de Laenstein, welche beide Mönche im Kloster Johannisberg waren.

32. Eberhard Vicarius in Cochem.

(fol. 153.) EVerhardus presbiter et sacellanus ecclesie Cochemensis, vir in diuinis litteris studiosus et secularis philosophie non ignarus, in declamandis ad populum sermonibus prompti ingenij et eloquij clari, singularis librorum cuiusuis facultatis amator et lectione eorum sedula haud mediocriter eruditus. Scripsit inter cetera
de odio secularium contra religiosos li. j.
Et quedam alia.

Viuit adhuc apud prefatam ecclesiam vicarius pastoris, fratris sui, non eque atque ipse eruditi, et plura conscribit sub Maximiliano et Leone X.

33. Bartholomäus von Grevenbroich, Benedictiner in Brauweiler.

(fol. 149.) [B]Artholomeus de Greuenbruch, monachus ordinis diui patris nostri Benedicti cenobij Bruwilrensis prope Coloniam ad vnum miliare situati, vir in diuinis scripturis studiosus et secularis litterature non ignarus, ingenio promptus, sermone clarus, historiarum amator studiosissimus et non infime eruditus. Scripsit satis eleganti sermone quedam instructe lucubrationis opuscula, quibus memoriam sui cum laude posteris commendauit. Ex quibus extant Sermones plures et monasterij sui Bruwilrensis commendabile historiarum seu cronicorum opus cum quibusdam alijs mihi nondum insinuatis. Viuit adhuc ibidem studio deditus.

Der letzte Satz ist ausgestrichen und an dem Rande bemerkt: Moritur 155 [1505].

34. Johannes Jude, Predigermönch in Koblenz.

(fol. 109.) [I]Ohannes, ex Iudeo conuersus cum duobus fratribus ad fidem, Natione Mosellanus, ordinis fratrum predicatorum in Confluentia, vir in diuinis scripturis magnifice exercitatus et probe instructus, sacre theologie professor eximius et philosophie secularis non ignarus, in predicandis ad populum sermonibus excellentissimi ingenij et celeberrime opinionis et ob hoc apud graciosissimum dominum Jacobum de Baden Treuerensem archiepiscopum, cuius et confessor existit, magno in precio habitus. Scripsit quedam erudite lectionis opuscula, de quibus nihil adhuc mihi videre contigit. Fertur eciam opinionis sue cudisse opus
De conceptione beate Mariæ li. i
Viuit adhuc Confluentini conuentus lumen et plura scribit sub Julio 2°· 159. [1509].

Kurfürst Jakob II. von Trier, dessen Beichtvater der aus einem Juden convertirte Predigermönch Johannes war, regierte von 1503—1511. Er war ein Sohn des Markgrafen Christoph von Baden († 1527) und folgte in dem Kurfürstenthum auf seinen Großoheim Johann II., welcher von 1456—1503 den erzbischöflichen Stuhl zu Trier einnahm.

35. Bartholomäus von Mörs, Carthäuser in Roermond.

(fol. 111.) Bartholomeus [ursprünglich stand Joannes da] de Mors, natione Germanus diocesis Coloniensis, monachus ordinis Carthusieñ domus Bethleem Ruremundeñ in Gelria, vir ex continua lectione in scripturis sanctis satis exercitatum habens ingenium, eloquio scolasticus, qui ob quam causam nescio carceri mancipatus plura scribere dicitur, in quibus miranda quedam de venturis et de aduentu antichristi prophetare conatur, que magis fantasticam quam ecclesiasticam opinionem sapiunt. Qui dum forte Dionisium Rickel de Belis, eiusdem domus quondam doctissimum hominem, in studio nimis indiscrete anisus est [imitari am Rand], plus desipere quam sapere cepit. Viuit adhuc.

36. Gerhard Systrop aus Kempen.

(fol. 106.) [G]Erhardus Systrop, patria Kempensis diocesis Coloniensis, vir magni et excellentis ingenij, doctor artium et iuris ciuilis celeberrimus, consilio promptus et stabilis, sermone clarus et compositus, nec minus vita quam doctrina honestus. Scripsisse dicitur multa preclara facultatis sue monimenta, quibus nominis sui immor-

talitatem apud posteritatem acquisiuit. Sed nichil eorum adhuc videre merui preter allegationes super perpetuitate legationis Raymundi dudum sedis apostolice per Germaniam legati
et super indulgentijs eiusdem   li. j
Epistolas ad diuersos   li. I
Consiliorum conclusionumque   li. j

Et complura alia, que nondum humilitatis gratia in lucem passus est venire. Viuit adhuc 159 [1509] etate gaudens virili et plurima indies componit sub Maximiliano et Julio 2°·

37. Arnold von Tongern.

(fol. 147.) [A]Rnoldus Tungris, natione vt aiunt Friso, vir in diuinis scripturis egregie eruditus et secularis philosophiæ non infime peritus, sacre theologie apud Coloniam modo insignissimus professor, fama doctrine suæ vndique notus, quippe qui eruditionis suæ magnitudine et christiane fidei zelo almam illam Coloniensium vniuersitatem magnifice hoc tempore nostro illustrat. Scripsisse eum ferunt quedam approbate eruditionis opuscula, quibus ecclesiam dei edificare contendit. Sed nichil eorum adhuc videre merui preter vnicum illud, quod iamdudum absque auctoris titulo contra concubinarios presbiteros impressum legitur Correctorium concubinariorum   li. j.

Stupenda quedam in eodem opere approbatissimis scripturarum testimonijs contra incontinentes sacerdotes tractat, que si vera sunt, credenda vt sunt, absque dubio sine periculo cum ipsis sicut nec cum iudeis potest quis communicare: quapropter innumeri seculi amatores idem opus magno persequuntur odio, omnes auctorem maledicunt vituperant lacerant et carpunt mali sacerdotes. Ea de causa absque nominis eius prescriptione opus emissum, vt auctoris persona illesa euadat, cuius alioquin scripta vt inuisissima damnant et fugiunt. Viuit adhuc Colonie deuotus Christi sacerdos et doctor integerrimus 1512.

Ueber diesen Anti-Humanisten in Köln vgl. Böcking (Ulr. Hutteni Opera Suppl. II, S. 490), welcher auffallender Weise gerade bei ihm die Biographie aus dem Auctarium nicht mitgetheilt hat.

38. Andreas von Luenack.

(fol. 155.) [A]Ndreas de Luenack, natione Germanus patria Juliacensis, vir in sacris litteris studiosus et doctus ac vtriusque iuris professor insignis, vnus scilicet ex septem presbiteris summe ecclesie Coloniensis, vita et conuersatione honestissimus, in causis agendis circumspectus et admodum cautus, in consilijs promptus et ratus, in sententijs subtilis et certus. Scripsit vtilissime cruditionis quedam pro causas agentibus et iura studentibus preclara sinthemata, quibus nomen et doctrina eius apud posteros clarebit, quorum monumentum seu archetypus in conuentu sancti Panthaleonis in Colonia ordinis nostri monasterio vna cum nobilissima ac pretiosissima bibliotheca sua, cuius precium dudum moriens pauperibus erogandum constituit, sub custodia reuerendissimi domini Joannis Luenack germani sui, ciusdem monasterij nunc abbatis, tanquam preciosissimus thezaurus vsque hodie reseruatur sub Maximiliano imperatore et Leone papa X. 1513.

39. Peter Shmnich von Aachen in Münster.

(fol. 128.) [P]Etrus Aquensis, canonicus ecclesie diui Martini in vrbe Monasteriensi Westphaliæ, homo multarum scientiarum peritus, Platonice discipline et maxime librorum diui Augustini et Hieronimi studiosissimus, perspicacis admodum ingenij et huberrima preditus facundia. Scripsit inter plura, que mihi dumtaxat hactenus nunciante Murmellio innotuere, scilicet

de ydeis Platonicis	li. j
de comparatione Hieronimi et Augustini	li. j
Epistolarum ad plures elegantes	li. ij
de arte dialectica	li. j

Collectaneorum quoque libros plures, non minus fructuosos quam elegantes, de varijs rebus tum philosophicis tum christianis. Et multa alia mihi nondum cognita. Viuit adhuc vir doctus et studiosus plura in dies conscribens 1510.

Cäsarius führt in einem Briefe an den Grafen Nuenar (abgedruckt bei Cornelius die Münsterschen Humanisten S. 71 ff.) neben Rudolf von Langen besonders den Peter von Aachen unter denjenigen auf, mit welchem er während seines Aufenthaltes in Münster vorzugsweise verkehrt habe.

40. Hermann von der Busche (Buschius).

(fol. 9.) HErmannus Buschius, natione Teutonicus, patria Monasteriensis ex Westphalia [1]), vir vndecumque doctissimus, philosophus clarus, orator facundus et poetice professionis acutissimus, cuius carmina doctissimi cciam poeto et mirantur et summis efferunt laudi-

---

[1]) Hermann stammte aus einem adelichen Geschlechte Westfalens und war 1468 auf dem Schloß Sassenberg geboren.

bus, diuinarum quoque scripturarum non ignarus, vtriusque lingue peritus, ingenio subtilis et excellens, eloquio clarus dulcis et compositus. Hic olim fuit discipulus Allexandri supra memorati Hegij, a quo in primis grammaticos rudimentis ad plenum optime imbutus haud multo post in Ytalia ad altiora conscendit, maxime in poetica, in qua iam cultiorem se habere neminem omnium iudicio comprobatur. Scripsit tam metro quam prosa preclara (quedam übergeſchrieben) opuscula, quibus memoriam sui posteris commendauit. De quibus legi (ausgeſtrichen und übergeſchrieben extant) subiecta
Ad Allexandrum Hegium preceptorem suum

Tumultuariorum carminum	li. ij	Sepe numero preceptor
In natalem dominj	car. i	Leta salutiferi
Triplex rosarium beate Marie	li. i	Cum deus astriferis
Varia de sanctis	li. i	

Orationes varias.

* Epistolas quoque multas ad diuersos elegantissimas metro et prosa edidit ac Diuersa epigrammata et epistolas commendaticias in varias impressiones. Viuit adhuc, vt audio, apud Saxonie duces (die beiden letzten Worte ſind ausgeſtrichen und dann von einer andern Hand — derſelben, welche oben quedam einfügte und aus legi extant machte — übergeſchrieben Colonienses) magno in precio habitus, a quibus et publico solario (ſo!) ut fertur donatus est, annos triginta natus et varia scribit sub Maximiliano Rhomanorum Imperatore Illustrissimo et summo pontifice Julio Aº d. quo hec scribimus 1.5.8. [d. h. 1508].

Hierauf folgt die Biographie von Georgius Sibutus, welche den Reſt von der Rückſeite des neunten Blattes einnimmt. Auf dem folgenden zehnten Blatte, welches durchaus von einer andern Hand geſchrieben iſt — die ſpäter wieder mit fol. 101 B beginnt — iſt mit Hinweis auf die mit * bezeichnete Stelle das Verzeichnis der Schriften fortgeſetzt:

Epigrammaton de domina	li. i
Siluarum	li. i
Oestrum in Heuerlingum	li. i
In Persium commentariorum	li. j
In phichomachiam (ſo!) Prudentij	li. j
In Donatum	li. j
De litteris	li. j
De versificatura	li. j
In potiora epigrammata Marcialis	li. j
De dignitate poescos	li. xiij
Collectanea theologica	li. plu

Ad Jacobum nostrum indiculum
operum eius epł. j Quantum tue honestati debeam ꝛc.

Eine anziehende Schilderung von dem ruhelosen Leben Hermanns von dem Busche gibt Cornelius, die Münsterischen Humanisten, S. 17 ff. In jüngster Zeit erschien die Dissertion H. I. Liessem de Hermanni Buschii vita et scriptis. Bonnae 1866. 8⁰. Zuletzt hat Böcking (U. Hutteni Opera Suppl. II S. 330 ff.) mit Benutzung aller bisherigen Forschungen eine Uebersicht über das Leben von Buschius gegeben und dort auch die oben abgedruckte Biographie aus dem Auctarium des Butzbach mitgetheilt (freilich mit Auslassung einer Zeile in dem Schriftenverzeichnis).

Daß sich Hermann 1508 wirklich in Köln aufhielt, wie die Correctur in obigem Artikel angibt, geht aus folgender, bis jetzt nicht beachteten Stelle der juristischen Facultätsakten von Köln hervor, wonach er sich damals den Titel eines baccalaureus in jure civili erwarb:

1508. Itom in profesto sancti Gerconis postquam honorabilis dominus Hermannus Buschius coram venerabilibus dominis domino Johanne Erwini de Ratingen decretorum doctore Et domino Christiano de Coureshen in Jure canonico ordinario docuit de gradu baccalauriatus in legibus quom in vniuersitate libiseñ accepit fuit de mandato dominorum dominorum doctorum per me ad eundem gradum in Jure Ciuili receptus Et promisit seruare statuta et ordinationem facultatum nostrarum ac soluit pro bursa florenum aureum.

Der oben unter den Schriften Hermanns zuletzt erwähnte Brief an Jakob Siberti, den Freund und Mitarbeiter Butzbachs im Kloster Laach, enthielt ein Verzeichnis der bis dahin herausgekommenen Werke des Absenders, welches derselbe gerade zum Behuf der Aufnahme in das Auctarium aufgestellt hatte. Denn für das Zustandekommen dieses Werkes interessirte sich Buschius lebhaft. Vgl. Historia rei litterariæ O. S. B. auctore M. Ziegelbauer, herausgegeben von O. Legipontius. P. III p. 336.

41. Die drei Edicolius.

(fol. 58 A.) [J]Oannes Edicolius, natione Teutonicus, patria Coloniensis et iam dudum lector Zusatensis, homo in secularibus litteris nobiliter instructus, philosophus orator et versificator egregius, scripsit et scribit nonnulla, mihi tamen nondum cognita. Legi eius dumtaxat ad Henricum Monocerium, ingenuarum artium magistrum et iuris pontificij baccalaurium, virum eque eruditissimum, patronum suum primeuum, haud inelegantem, que eum virum litteratum ostendit,

In Plotarchum de vita Tullij	epł. i	Solio (ſo!) plerumque tacitus animo
Epithomen geographiæ Gallie et Germaniæ	li. i	
Comentaria in vitam eiusdem Tullij	li. i	
In eundem hexatecastichon	car. i	Accipe pesagidum (ſo!)

Et pleraque alia. Viuit ad huc apud Monasterium in Westphalia studijs fortiter insistens sub Maximiliano Imperatore.

(fol. 58 B.) SEruatius Edicolius, supradicti Joannis frater, homo certe eque atque ipse frater suus in litteris humanitatis studiosus et nobiliter satis eruditus, ingenio excellens, eloquio scholasticus, artium liberalium oppido pergnarus et earum professor insignis. Scripsisse dicitur quedam ingenij sui commendanda opuscula, e quibus extant in buccolica Francisci Petrarche vtiles commentarij, elegantesque epistole et epigrammata plura, et alia nonnulla composuit quo nondum ad noticiam meam venerunt.

(fol. 58 B.) [H]Einricus Edicolius, eorundem predictorum frater germanus, iuuenis quidem etate sed ingenio sed animo admodum viuax et prestans atque per omnia fraternum studium legendo et scribendo imitari studens: ostendunt hoc varia ingeniosa illius sinthemata, que carmine lusisse perhibetur ac indies ludere apud Monasteriacum Westphalie sub prefato Seruatio publice literas humanitatis profienti.

42. Ludolf Hering aus Weſtfalen.

(fol. 151.) [L]Vdolphus Herringius, natione Westphalus, homo studiosus et bonarum litterarum disciplinis satis notanter eruditus, qui ingenium exercicio colens componendi operam studio impendit indies quedam haud aspernande lectionis sinthemata, quibus memoriam sui apud posteritatem obtinebit, sed nihil eorum, que hucusque scripsit, ad meam lectionem peruenit preter pauca quedam epigrammata in quosdam auctores.

Vgl. Mittheilungen aus der Matrikel der alten Kölner Univerſität in Zeitſchrift für Preußiſche Geſchichte — 5. Jahrg. S. 489. Ludolf wirkte zu Hamm im Sinne des Humanismus. Ihm widmete Murmellius in den Elegiæ morales die 16. des erſten Buches de illecebris mundi (Ad Ludolphum Heringium Hammonensem Christi sacerdotem).

43. Johannes Huſichen.

(fol. 66.) JOhannes Husychen, natione Westphalus ex oppido Othmershem oriundus, homo in seculari philosophia excellenter instructus et artium quas liberales dicimus professor clarissimus, diuinarum quoque scripturarum atque iuris canonici non ignarus, ingenio prestans et sermone facundus, metro egregie exercitatus et prosa. Scripsit vtroque stilo quedam non iniucunde lectionis opuscula, quibus ingenij sui vigorem pariter et animi doctrinam posteris effudit, de quibus nihil adhuc ad meam noticiam peruenire potuit preter subiecta carmina, que ad Gerhardum Baldewyn, Lacensem monachum, nepotem suum, pauca de pluribus, que alias se edidisse profitetur, transmisit scilicet

De suppressione virtutum	car. i	E heu millemodis
De comesatione hodierna Elegia	car. i	Quo se diuertunt conniuia
Moralizatio eclipsis solis et lune	car. i	O mortalis homo corde volutes
De vera nobilitate elegia	car. i	Heu mihi nobilitas
De beata Anna hymnus	car. i	O quam glorifica luce choruscas
De laude Othmershem	car. i	Externa diu solitus
Epistolas plures et cultas	li. i	
Contra Simoniacos	li. i	

Et alia multa tempore suo in lucem emergenda. Viuit adhuc patrie sue decus ornatissimum et varia conscribit sub Maximiliano Imperatore et Julio Papa 2. Anno domini 1509.

44. Timann Kemener aus Werne, Rector der Domschule in Münster.

(fol. 58 A.) [T]ymannus Kemenerus Wernensis, litterarij ludi Monasteriensium Westphalie magister dignissimus, homo secularis litterature egregie doctus et diuinarum scripturarum non ignarus, philosophus orator et poeta insignis, ingenio promptus, sermone disertus. Scripsit pro auditorum suorum profectu haud spernende lectionis quedam opuscula, quibus nomen suum immortalitati consecrauit, e quibus vidi commentum in quatuor partes Allexandri tersissimum, quod ob preciositatem suam prenotauit auream medullam

In quatuor partes Allexandri	li. iiij	Cum inter docendum
De quatuor partibus indeclinabilibus	li. i	Vobis adolescentulis studi:
Compendium aureum tocius gramatice	li. i	
Compendium rhetorice	li. i	
Compendium philosophie naturalis	li. i	
Compendium artis dialectico	li. i	
Commentarios in Pe: Hispanum	li. i	
Carmina multa et elegantissima	li. j	

Et alia multa. Viuit adhuc Monasteriensis gymnasiarcha vigilantissimus varia scribens sub Maximiliano Rhomanorum rege et Julio papa secundo. Anno Dñi quo hec scripsimus Millesimo quingentesimo nono.

Ueber die Wirksamkeit Timanns in Münster vgl. Cornelius die Münsterschen Humanisten S. 7 ff. Von ihm rühmt Murmellius (Eleg. moral. III 1):

> Censetur late doctusque Timannus habetur,
> In celebri celebrem qui tenet vrbe scholam.

Timann wird als gelehrt weithin geschätzt und geachtet,
Hält die gefeierte Schul' in der gefeierten Stadt.

Das oben erwähnte Compendium der Grammatik wollen wir, weil es noch wenig bekannt ist, hier genauer beschreiben. Es trägt folgenden Titel:

Compendiuz Timanni Kemeneri Guernensis viri doctissimi. iam de integro recognitū. ac pluribꝰ in locis ab eode͂ auctore illustratum. pro duobꝰ nepotibꝰ cǫstris ordinis viri Joannis dobbe. vtriusqȝ iuris. iterp̄tis eximij. maiorisqȝ eccle Monasterie͂sis vestalic canonici.

In cōmendotionem huius opusculi Totrasticon Joannis Murmellij

Si quis grāmatices compendia querat : vno
Plurima contextu precepta ediscere curet
Utilius nihil hac. nihil emendatuis arte
Comperiet. ǭjuis complura volumina lustret

M. CCCCC. IX.

Auf der Rückseite des Titels steht die Vorrede:

Timannus Kemenerus Guernensis Joanni Dobbe vtriusque iuris interpreti candidato Salutem. Grammaticam liberalium artium prestantissimam esse constat, reliquas enim ab interitu et conseruat et vindicat. Nam grammatice debemus quod dialecticen rhetoricen et reliquas disciplinas ingenuas discimus. Quis enim vero discere ab aliquo preceptore quippiam potest, cuius sermonem haud intelligit? quare grammatice eruditioni acceptum vt referamus oportet. Nam haud vlla artium ingenuarum que vberius merita quam grammatica ab humano genere. Primus enim, vt inquit Quintilianus, in eo qui legendi scribendique adeptus est facultatem, grammatices est locus. Ideo necessaria est pueris, iucunda senibus, dulcis secretorum comes, que vel sola omnj studiorum genere plus habet operis quam ostentationis. Quare minus ferendi sunt, qui hanc professionem tenuem atque ieiunam cauillantur. Nam qui huius discipline penetralia fideliter non adiuerit, quicquid superstruxerit corruet. At cum multi scholarum triuialium limites terant, qui et minus noscant huius discipline maiestatem tam vtilem tanquam necessariam, qui et longius quam par est Alexandri Galli carminibus illis et mendosis adhereant. Rogasti me itaque vir doctissime vt ingenuis illis et candidis adolescentulis tuis ex fratre nepotibus Joanni et Gerardo Dobben opusculum conscriberem, vnde exactius atque maturi grammatice discipline rudimenta addiscerent. Quare tibi viro grauissimo atque integerrimo et mihi charissimo morem gerere ardens atque studioso iuuentutis rationem habens, libellum hunc elucubraui in duo volumina distractum. In primo quidem agitur de octo orationis grammatice partibus. In altero vero de earundem fructifera constructione. Et si huiusce de rebus multa iam sint edita opuscula, nostram tamen operam nemo nisi infandus ille Zoilus inanem aut superuacaneam putabit. Nempe libelli gratiam vt spero augebit et brevitas et veritas. At vtcumque res futura est, vir prestantissime, Compendium tuis nepotibus dicatum clementi accipe animo et ab iniuria inuidentium tua vel facundia vel auctoritate defende. Uale.

Der Schluß auf G 6ᵃ trägt die Unterschrift:

❧ Finitur grammatices Compendium non parua quidem industria ex grammaticis magispluris approbatis a liberalium Artium professore, magistro Timanno Kemenero werñ, Scholarum regente apud edes sancti Pauli Monasterij wesfalie metropolis diligentissimo conquisitum ad eorum profectum qui huiusce artis verissima adnituntur ebibere fundamenta Exaratum accuratius ac pluribus etiam ab eodem auctore iampridem adiunctis Dauentrie Per me Jacobum de Breda 𝔐𝕮𝕮𝕮𝕮 Nono. quarto kalendas Octo.

Darauf folgt auf derselben Seite noch eine Peroratio.

45. Antonius Liber von Soest.

(fol. 77.) ANthonius Liber, Zuzatensis, natione Westphalus, homo in litteris humanitatis egregie institutus, orator et poeta haud ignobilis, ingenio clarus et eloquio tersus, scripsit nonnulla ingenij monimenta, quibus in vtroque scribendi stilo se potentem ostendit, e quibus extant

Epistolarum ad Arnoldum   li. i   Item expositionem hymni Crux fidelis
De laude Colonie   car. i   O felix

    De ceteris que scripsit adhuc nichil vidi. Claruit in breui.

46. Johannes Murmellius.

(fol. 58 A.) [J]Ohannes Murmellius, natione Teutonicus, patria Siccamber, ex oppido Ruremvndensi oriundus, vir vndecumque doctissimus, philosophus orator et poeta celeberrimus, ingenio excellens et eloquio clarus, predicti Timanni in regimine coadiutor et studiosorum adolescentium tum legendo tum scribendo institutor pientissimus, scripsit varia eleganti carmine prenobilissima ingenij sui sinthemata, et plura in diuersos auctores commentaria edidit varijs rebus referta, que preter subiecta nondum videre merui

In Prudentium de passione Rhomani	li. i	Poeticam artem sicut et cetera
Addiuum Rhomanum elegidion	car. i	Salue preclari fortissime
In epistolam beati Hiero. ad Niceam	li. i	Hanc epistolam clarissime Rhomane
Verborum compositorum	li. i	
Verborum deponentalium	li. i	
In vrbem Monasteriensem	car. i	Sic eius preceps

In siluam Policiani annotamenta quo inante intitulatur.
Commentarium in rusticum
   Policiani   li. i
De beata Maria florea serta   li. i
Enchiridion scolasticorum   li. i
Commentum in Cice: de
   senectute   li. i
Elegiarum moralium [1])   li. iiij
Elegiarum adhuc [2])   li. i
Epigrammatum   li. i
Panegiricon episcopi Monasterien   li. i
Vitam sci Lutgeri metrice   li. i
Siluulam in laudem Petri Ravē [3]) li. i
Epigrammatum de magistri et
   discipulorum officijs   li. i
Odam in diui Francisci   li. i

Hec sunt que a se edita doctissimus iste Murmellius dudum mihi significauit, cetera adhuc imperfecta sub manibus versant, scilicet in Consolationem philosophice Boetij. Commentariorum li. 5. De rudimentis artis versificatorie li. j. In librum jsagogicum Porphirij et de quinque communibus vocibus de decem predicamentis et fastos Ouidij,

.

que omnia cum quibusdam alijs suo tempore ex illius officina emissa studiosis innotescent. Sub Maximiliano rege anno dñi 1.5.9. [1509].

Ueber Murmellius vgl. Niesert, Murmellius litterarische Verdienste (in Troß, Westfalia 1825, S. 20) und Cornelius, die Münsterischen Humanisten S. 8 ff. Daselbst ist sein Lobgedicht auf die Stadt Münster (S. 60 ff.) und eine Elegie an Rudolf v. Langen (S. 68 f.) abgedruckt.

¹) Titel:

I**Ǒannis mur**
mellij Ruremūdēſis ele
giaʀ moraliū libri quattuor

Darunter stehen: Jacobi Montani spirensis ad lecto | rem hendecasyllabi (18 Verse). 43 Bl. (G Alphab. zu 6 Bl. mit Ausnahme von C, welches nur 4 hat, und darauf Hj — Hiij). Am Schluß: ❡ Impreſſum eſt hoc opus Anno. M. d. octauo.

²) adhuc ist durchſtrichen und Elegiarum in Eglogarum verwandelt.

³) Der Titel lautet:

I**Ǒannis mur**
mellij Ruremundēſis Panegy
ricon. in preconiū illuſtriſſimi
principis Erici Monaſteriēſis
eccleſie epiſcopi

❡ Ode sapphica eiusdē de vita biui Ludgeri.
❡ Eiusdē in preconiū Petri Rauennatis sylua integritati reſtituta quom in pori editione omiſſis vigintiqnqʒ verſibus chalcographorū incuria sit sede mutilata

❡ In Beanum epigramma
Barbatus. in triuijs animo graſſatus agreſti.
Efferus. in cornu gramen vtroqʒ gerit
Aſpera frons. toruiqʒ oculi. ſetoſaqʒ barba
Naſus abuncus. olaʀ horribulusqʒ caper
Uox quoqʒ vezandum prefert alabandica monſtrū
Si neſcis. opus est impete. fiat homo.

12 Bl. 4⁰. Am Schluß:
❡ Impreſſum Colonie in Officina ingenuoʀ liberoʀ Quentell. Anno Chriſtiane religionis Milleſimo qngenteſimo nono.

Außer den auf dem Titel angezeigten Gedichten steht auf der Rückseite des Titelblattes:

❡ Ad ſpectatiſſimū virū Joannē Cliū reuerēdiſſimi epiſcopi Monaſterienſis eccleſie Cancellariū bene meritū Joānis Murmellij Ruremūdēſis Clegidion

47. Jakob Montanus in Herford.

(fol. 58 A.) [J]Acobus Montanus, presbiter ecclesie Spirensis, nunc ordinis fratrum de communi vita in Herfordia, vir in diuinis scripturis studiosus et eruditus atque in secularibus litteris nobiliter doctus, ingenio prestans, sermone facundus, metro exercitatus et prosa, scripsisse fertur gemino stilo non abicienda opera, de quibus subiecta tantum mihi innotuere. In Murmelliane editionis

Ad lectorem	car. i	Belligeri locu
Odarum spiritualium	li. i	
De passione Christi	li. iiij	
Thezaurum latine constructionis	li. i	Magna et per
Collectanea ad puerorum institutionem	li. i	

Habet adhuc quedam non vulgaria in manibus vt audio. [magnumque studium litteris impendens.]¹) Anno dñi. 1. 5. 9. [1509] quo hec scripsimus.

Jakob Montanus, ein Freund Melanchthons, befand sich noch zur Zeit des Beginns der Reformation in dem 1428 gegründeten Fraterhaus der regulären Cleriker oder Brüder des gemeinsamen Lebens in Herford und war Beichtvater des damit verbundenen Süsterhauses. Das letztere gewann er für die Reformation, ebenso schlossen sich ihm aus dem Fraterhause Einzelne an, wie Gerhard Wilskamp aus Xanten und Heinrich Telget. — Murmellius (Eleg. moral. III, 1) feiert ihn in folgenden Zeilen:

Montanus cultos Jacobus condere versus
Gaudet Apollinee letus honore lyre.

Zierliche Verse zu dichten ergetzet den Jakob Montanus,
Welchem die Leier Apolls Ehre und Freude gebracht.

48. Johannes Peringius aus Büderich bei Wesel.

(fol. 58 A.) JOannes Beringius, natione Teutonicus, patria Puricensis, vir in secularibus litteris egregie doctus et diuinarum scripturarum haud ignarus, philosophus orator et poeta insignis ac omnium bonarum artium professor apprime eruditus, scripsisse perhibetur vtroque genere nonnulla, quibus nomen suum presentibus et futuris notabile fecit, e quibus adhuc nihil ad manus nostras venit preter diachastichon instructissimum

Ad Murmellij lectorem   car. i   Quisquis amas stabi:
Viuere ad huc fertur sub Maximiliano Imperatore.

---

¹) Das in Klammern gesetzte ist durchstrichen.

Peringius war an der Kathedralschule zu Münster unter dem Rector Timann Lehrer der dritten Klasse und wurde nach dem Austritte von Murmellius Conrector. Von da gieng er wahrscheinlich gleich nach Wesel, wo er nach dem Weggang des Hermann Buschius um Ostern 1518 die Leitung der dortigen Stadtschule übernahm. Schon im Herbst 1520 legte er das Amt nieder, ließ es sich aber 1522 von Neuem übertragen. Streitigkeiten zwischen ihm und dem Conrector Fabricius bewogen den Rath der Stadt, beiden zu kündigen (1532). Zum dritten Mal wurde Peringius im Herbst 1535 auf vier Jahre angestellt, nach deren Ablauf er sich definitiv zurückzog. Er lebte in der Zwischenzeit und bis zu seinem Tode wahrscheinlich auf seinem elterlichen Gut in Büberich. Peringius hatte sich in Wesel der römisch-katholischen Partei und deren Hauptvertreter, dem Pastor Anton Fürstenberg, angeschlossen. Vgl. Heidemann (Vorarbeiten ꝛc. 1853, S. 20—28 und 35—36; 1859 S. 16—17) und Mittheilungen aus der Matrikel der alten Kölner Universität in Zeitschrift für Preußische Geschichte von Hassel. 3. Jahrgang. (1868.) S. 472.

49. Bernhard Tegeder, Canonicus und Scholaster von S. Mauritius in Münster.

(fol. 106.) [B]Ernhardus, Natione Teutonicus, patria Westphalus et ecclesie sancti Mauricij extra muros ciuitatis Monasteriensis canonicus et domini N presulis ibidem quandoque capellanus, vir in diuinis scripturis studiosus et in secularibus litteris exercitatus, metro valens et prosa, ingenio subtilis, eloquio apertus. Scripsit quedam in vtroque stilo haud abijciende lectionis opuscula, quibus nomen suum ad posterorum destinauit noticiam. De quibus extat dialogus metricus de varijs mundi statibus, quem prenotari voluit
Palponista   li. j   Rure sub vrbane vere
Et alia quedam mihi nondum visa. Claruit sub Frederico 3°·
Vgl. Cornelius, die Münsterschen Humanisten S. 11. In den Eleg. moral. III, 1 sagt Murmellius von ihm:
Diffuso late Tegederus nomine floret
Inque suburbano carmina rure canit.
Weithin bringet des Tegeder Nam' und glänzet: die Vorstadt
Fesselt ihn, wo er in Ruh' singet ein ländliches Lied.

50. Anton Tuniken (Tunicius) aus Münster.

(fol. 128.) Anthonius Tunniceus, natione Westhphalus, patria Monasteriensis, adolescens admodum probe in bonarum litterarum disciplinis institutus, ingenio acutus et eloquio clarus. Scripsit pro exercitatione studij sui prolixum carmen Elegiacum de honesta vita et studij ordine preclarisque scolasticorum moribus et librum distichorum moralium ac varia epigrammata et quedam alia, que nondum in lucem prodire est passus. Viuit adhuc ceptis incumbens studijs anno 1510. Ich habe Tunniceus drucken laffen, obgleich die Züge der Handschrift auf Tumiceus hinweisen. Das wichtigste von den Werken des Tunnicius ist seine Sammlung von Sprichwörtern, lateinisch und deutsch, welche neuerdings' durch Hoffmann von Fallersleben wieder herausgegeben worden ist: „Tunnicius. Die älteste niederdeutsche Sprichwörtersammlung, von Antonius Tunnicius gesammelt und in lateinische Verse übersetzt. Herausgegeben mit hochdeutscher Uebersetzung, Anmerkungen und Wörterbuch von H. v. F. Berlin, 1869. R. Oppenheim." Die erste Ausgabe davon: Antonij Tunnicij Monasteriensis in germanorum paroemias studiose iuuentuti perutiles Monosticha. cum germanica interpretatione. Eiusdem epigrammatum libellus erschien in Köln „in domo Quentell" 1513[1]). Es folgten noch mehrere 1514 und April 1515 ebenfalls bei Quentel herausgekommen. Das Buch war zunächst für die unterste Klaffe der Domschule in Münster bestimmt, an welcher Tunnicius unter Timann lehrte.

51. Dietrich Zwivel.

(fol. 131.) Theodericus Tzyuel, natione Westphalus, patria Mongauensis, homo bonarum litterarum disciplinis satis studiosus et eruditus, qui studia sua longe lateque paucis licet adhuc vtpote iuuenis quibusdam epigrammatis nouiter Monasteriensis chalcographi primicijs prepositis conspergens nominis sui aucupatus est famam. Viuit adhuc maioribus intentus lucubrationibus cito emittendis. 159 [1509.]

Vgl. über diesen gelehrten Buchdrucker Niesert, Beiträge zur Buchdruckergeschichte Münsters (Coesfeld, 1828). Murmellius ließ auf seinen Wunsch erscheinen:

      ✢ TIBVLLI ➤
  PROPERTII, AC OVIDII
  Flores, ab IOANNE MVRMEL-
   LIO *nuper selecti, à complu-*
    sculis mendis repur-
      gati.[2])

---

[1]) Vgl. Hoffmann von Fallersleben in Germania XV S. 195: Die erste Ausgabe der Sprichwörter-Sammlung des Antonius Tunnicius.

[2]) Uns liegt eine spätere Ausgabe vor: Coloniæ, apud Ioannem Gymnicum | Anno M. DXXXIIII. Diese enthält die Vorrede an Zwivel gleichfalls.

In der Widmung nennt er ihn einen besonders in der Mathematik erfahrenen Mann (Theodorico txvyuelensi, uiro literato et mathematicarum disciplinarum in primis perito). Dasselbe ergibt sich auch aus Eleg. moral. II, 8 (In mathematicas disciplinas ad Theodoricum Suiuelensem):

Tu qui certa pio meditare mathemata corde
Altaque semoti suspicis astra poli,
Qui preceptoris nomen studiumque Platonis
Claraque dona dei non sine laude tenes,
Si quid habes vacui nunc temporis, huc precor adsis.
Et memori versus mente repone meos.

Der du mit frommem Gemüth' der Mathesis sichere Lehren
Pflegst und zum hohen Gestirn schaust an dem Himmelsgewölb,
Der du des Geistes göttlich Geschenk zu Platos Erforschung
Und zu dem Lehrerberuf rühmlich zu nützen verstehst,
Hast du Muße, so widme sie mir und lies meine Verse,
Und festhaltendem Sinn präge die flüchtigen ein.

52. Familie Canter aus Ostfriesland.

(fol. 127.) JOannes Cantor, natione Teutonicus, patria Friso de ciuitate Grueningensi oriundus, cuius et ciuis fuit, homo apprime eruditus vtpote artium liberalium medicine quoque et sacre theologie doctor insignis, sed et iuris vtriusque professor egregius, ingenio subtilis et latini eloquij venustate preclarus. Hic tantus latine lingue amator fuit, vt et vxorem et ancillam et omnes natos suos in ea crudiret, quippe qui non aliam, quam latinam familiam habere voluit. Porro filij illius, quorum quattuor ad minus et vnam filiam ex eadem vxore sua habuit, non modo in latina eloquentia, qua eos a cunabulis diligentissime instituit, verum etiam in omni philosophica et theologica disciplina mirifice profecerunt, adeo vt nulli in quacunque facultate sincronorum cedere probentur, quorum vnus a°· dñi 1489 natus duos de viginti annos Coloniam veniens doctrina sua cunctos audientes se attonitos reddidit. Proposito namque sibi de quacunque materia themate tam magistralem faciebat desuper collacionem atque tam eloquenter perorabat, vt eum doctissimum quempiam doctorem illius ciuitatis, qui integram septimanam ad illam faciendam studiosissime se recollegisset, facile putasses. Ex ore illius verba instar aque largissime sine vllo impedimento fluebant. Totam bibliam nouit vt dicitur ad vnguem de verbo ad verbum et sensu ad sensum memorie referre. In scripturis quoque sanctorum doctorum necnon et gentilium philosophorum poetarum et oratorum expertissimus erat, quorum allegatione orationes suas pulcherrime adornans auditorum aures insatiabiliter permulcere videbatur. Eandem gratiam omnes alij eius fratres habebant et sorores, de quibus vide in de illustribus mulieribus circa finem. Ecce industriam tantam patris, qui proles suas tam mirifice erudiuit. Qui ingens patriæ decus totam Frisiam velut sidus quoddam solare cum filijs suis instar stellarum radiantibus perpetua laude illustrauit, cui similis in Frisia ne dixerim alibi vix vnquam claruit. Extat ad eum epistola Sixti quarti summi pontificis, in qua miris laudum preconijs extollitur, propterea quod tam excellenter et omnifariam suos erudiuit filios, quemadmodum idem pontifex ex vno eorum coram se perorante Rhomæ cognouerat. Hij filij quamdiu pater vitalem carpsit auram grauitatem morum cum doctrina pre se ferebant, ast vbi eum vita accepere functum, mox inconstantiæ leuitati, que plerumque doctis (vt aiunt) adherere consueuit, sese dedere, ita vt eorum sonus in omnem terram hinc inde palaret.

(fol. 131.) ANdreas Cantoris, natione Germanus inferior Grueeñ, homo Frisius, a parentibus suis, vtrisque in scripturis et latina lingua doctissimis, vna cum Petro et Joanne fratribus atque duabus sororibus in omni facultate et disciplina liberalium artium a cunabulis ad perfectum imbutus et plenissime eruditus, theologus et philosophus, orator et musicus, ingenij memorie et eloquentie inaudite quodammodo magnitudine ingentem vndique famam apud principes et prelatos, coram quibus sepe perorauit, quinymmo et scriptis, que nondum videre potui, gloriose acquisiuit. Fecere hoc idem alij cum quibus adhuc superesse dicitur 159 [1509.]

(fol. 150.) [I]Acobus cognomento Canter, natione Germanus, patria Frisius ex Grunensi oppido oriundus, homo ab incunabulis, vt ita dixerim, latinis litteris et artibus liberalibus institutus, orator et philosophus veluti naturalis ingenio et eloquio excellenti, plura fertur scripsisse culte dictionis opuscula, de quibus ego hucusque nullum adhuc videre merui. Legi eius perpulchram ad sororem suam G…e[1]) sanctimonialem virginem in monasterio Jesse eque ac ipse apprime in litteratura imbutam ad meditandam sedulo dominicam passionem epistolam instructissimam, que incipit In his que ad vitam beatam: Ad eandem ex reuelationibus Brigitte enchiridion compendium eum credo compilasse. Claruit in breui sub Maximiliano et Allexandro 6°·

---

¹) Die mittleren Buchstaben sind wegen einer Correctur nicht deutlich zu lesen: möglicher Weise soll Gerdo gelesen werden. Die Schwester der 4 Brüder Cantor, die in's Kloster eintrat, hieß nach der folgenden Biographie Ursula; es könnte aber sein, daß sie im Kloster einen andern Namen angenommen.

Schon oben hatten wir einen Jacobus Cantor unter den Schülern oder Bekannten von Georgius Sibutus. Ob dies derselbe ist, können wir nicht sagen.

[De doctis mulieribus fol. 129]: URsula Cantoris, natione Germana, doctissimi quondam magistri Joannis Cantoris ciuis Grueniensis filia, a quo in omnibus philosophiæ et theologie aliarumue bonarum artium disciplinis a cunabulis, vt aiunt, optime ad perfectum imbuta, adeo vt facile quemquam in eisdem disciplinis disputando superare valeat, jngenio quippe subtilissima et sermone ita facunda, vt auditores suos pre ammiratione nimia in stuporem vertere videatur. Tanta siquidem virginis eloquentiæ torrens, tanta eruditionis omnipharie copia, qua mirifice facultati culuslibet cum ea disserentis tam habundanti vena ad interrogata et proposita respondet, quod vix a multis seculis illi similis quepiam mulierum inter mortales apparuerit. Nemo enim, qui eam audiuit, satis facundiam illius promptissimam multiiugis ac optimis tam gentilium quam Hebreorum ac nostrorum sentencijs apprime refertam explicare sufficit nec satis demirari, quomodo per os mulieris et roseis virginis labellis tam fortia egregia et librata profluant oracula. Sepe accidit (sicut audio) vt ei in certamine disputacionis tam de religiosis, quam ex secularibus personis quique doctissimi cedere cogerentur. Hinc merito inter doctissimas illustrium mulierum cateruas locum sortiri hec debuit, culus (non dubito) plures dictatus excellentis ingenij illius testes ad posteros deuenient, quorum titulos nondum rescire potui. Habet hec doctissima virago preter quatuor fratres suos sciencijs preclarissimos sororem, cuius nomen non retineo, que similis quasi facultatis in sciencijs sed non paris propositi in morum disciplinis. Nam amissis iam parentibus, qui eas cum timore domini in scientijs enutrierant, Vrsula religionem intrauit, altera vero aurifabro cuidam in statu legittimo copulavit, que ambe adhuc viuentes totam Frisiam doctrine sue fama illustrare feruntur anno dñi quo hec scripsimus 1510.

Vgl. über die Geschwister Canter oder Cantor Mittheilungen aus der Matrikel der alten Kölner Universität in Zeitschrift für Preußische Geschichte von Hassel. 5. Jahrgang (1868) S. 468 f.

53. Walther Tanger von Herzogenbusch.

(fol. 7.) WAlterus Tangerius de Buscoducis, patria Brabantinus, homo in secularium litterarum disciplinis iugiter exercitatus, metro valens et prosa, et Joanni Murmellio, ad quem illius legi carmen „Floribus insultat", singulariter familiaris: multa scripsisse putatur quandoque in lucem emersura. Viuit adhuc ceptis fortiter instans.

Diesem Walther Langer widmete neben Rudolf von Langen Murmellius seine Elegiæ morales. Gleich auf der Rückseite des Titelblattes
schickt er dem Widmungsschreiben an Langen ein Gedicht voraus:

¶ Ad clarissimum philosophie magistrum
walterum Tangherium busciducensem Joannis Murmellij Ruremundensis Hen-
decasyllabi.

54. Peter von Reiland.

(fol. 63.) PEtrus de Roylant, natione Teutonicus, patria
Zelandinus, homo in secularibus disciplinis egregie doctus et diuinarum
scripturarum non ignarus, astronomus celebris opinionis, ingenio excellens
et sermone cultus, metro prosaque insignis. Scripsit quedam instructe
eruditionis sintagmata, quibus se presentibus utilem et posteris memorabilem exhibuit. E quibus adhuc pauca ad meam noticiam venerunt. Legi eius
dumtaxat ad dūm Hermannum archipresulem Coloniensem hec subiecta

Pronosticum in annum 1498ᵐ	li. i	Antequam autem in preassumpto
Ad eundem carmen saphicum	car. i	Stirpis insignis
Ad eundem alia	li. i	Quamquam onus quidem
In quendam vatem	li. i	Quandoquidem anno iam peracto
Epistolarum ad diuersos	li. i	
Variorum carminum	li. i	
Et quedam alia		Claruit sub Maximiliano.

55. Johannes Sommerfeld (Aesticampianus) oder Rhagius (Rack).

(fol. 149.) [J]Ohannes Summerfelt, homo in diuinis scripturis probe eruditus et earum professor, puto baccalaurius atque liberalium
artium magister, collegij maioris Cracouiensis studij collegiatus. Scripsit
prologum et argumentum in epistolas Libanij et quedam alia 1504.

Den Namen Sommerfelb (latinisiert Aesticampianus) führte er
von seinem Geburtsort in der Lausitz. Sein eigentlicher Familienname
war Rack, woraus er Rhagius machte. Sein sehr bewegtes Leben ist
vielfach beschrieben, zuletzt von Böcking (U. Hutteni Opera Suppl. II
S. 293 ff.). In Krakau hielt sich Sommerfeld zwischen den Jahren
1502—1506 auf. Zuletzt berief ihn Kurfürst Friedrich nach Wittenberg
(1517), dort ist er am 31. Mai 1520 gestorben.

56. Heinrich Geck, Fraterherr in Marburg.

(fol. 148.) [H]Einricus Geck, natione Germanus, ordinis
fratrum clericorum de communi vita in Marpurck, homo admodum

studiosus et probe in liberalibus disciplinis institutus, diuinarum quoque scripturarum non ignarus, ingenio pariter et eloquio clarus, qui plures in grammatica legendo et docendo consumpsit ibidem annos plurimosque in diuersos auctores conscripsit commentarios. E quibus extant, vt audio, nonnulla calchographiæ tradita. Est et illius
De grammatica   li. i
Et plura alia mihi nondum cognita. Viuit adhuc in conuentu suo Marpurgensi et plura componere dicitur sub Maximiliano Cesare et Julio papa 2⁰ 155.

57. Hieronymus Savonarola.

(fol. 83.) [H]Jeronimus Sauoralla de Ferraria, natione Italus, ordinis predicatorum, vir in diuinis deuotissime atque nobiliter eruditus et non ignarus secularium litterarum, ingenio excellens et declamator sermonum egregius. Scripsisse perhibetur nonnulla commendanda opuscula, quibus noticiam deuote mentis sue etiam posteris in exemplum ostendit. Sed ego nullum eorum hucusque videre promerui, ferunt tamen oius
In psalmos meditaciones   li. j   Jtem fasciculus dominicæ passionis
In psalmum miserere (?) valde contritam dumtaxat legi ipsius expositionem, que inchoat Infelix ego ꝛc. Quo vero tempore vixit, compertum non habeo.

Der letzte Satz ist ausgestrichen und auf ben Rand, vielleicht von berselben, jebesfalls von einer gleichzeitigen Hand, geschrieben:

Hunc Allexander 6ᵘˢ tanquam hereticum igne consummauit, quem tamen hodie nonnulli sanctum non dubitant cum deo regnare astipulantes eum de inuidia magis quam ex iusticia exterminatum fuisse.

58. Amerigo Vespucci.

(fol. 155.) [A]Mericus Vespucius, natione Hispanus et regis Hispanorum astronomus, homo plane studio litterarum et scripturarum eruditione notabilis, qui nauigatione vltra Europæ Asiæ Africeque limites progressus nouum quendam mundum inuenit prius nobis incognitum, cuius situm et hominum ibidem habitantium mores ad Laurentium de Medicis quasi in quodam diario conscripsit opusculo, quod prenotauit
Nouum mundum   li i   Superioribus diebus satis ample Extat et illius geographiæ seu cosmographiæ liber, quem nondum vidi.

59. Peter Slarp.

(fol. 100.) PEtrus Slarpius, natione Teutonicus, patria Rinckaugiensis, ex vico Geysenhem oriundus, monachus monasterij montis sancti Joannis baptiste ordinis diui patris nostri Benedicti, principalis studij mei actor atque promotor, cui ob hoc plurimum debeo, vir plane in diuinis scripturis studiosus et in secularibus litteris egregie doctus, ingenio promptus et eloquio clarus, metro exercitatus et prosa, vita quoque et conuersatione singulariter deuotus. Scripsit inter cetera vario carminis genere et oratione soluta ad Trit[h]emium eius amantissimum et diuersos alios doctos viros quedam non spernende lectionis ingenij sui sintagmata. E quibus dudum mihi indicauit subiecta

De sancta Anna	car. i	
De amore sacri sponsi	car. i	
De sancta Vrsula	car. i	Candidus Christus rubicundus atque
De amando deum	car. i	
De conceptione illibate virginis	car. i	
De puritate eiusdem	car. i	
De eiusdem amabilitate	car. i	
De amore eiusdem	car. i	
De sancto Georgio	car. i	O lux christigenum o celi
Ad Raymundum Cardi pro Erbacen°	oratio i	

Ad diuersos etiam epistolas multas et elegantes sine numero. Et quedam alia. Ad Allexandrum quoque Hegium, cuius supra mentionem habuimus, ante annos iam decem epistolam vnam mei eidem commendatiuam tam elegantem doctamque scripsit, ut ex ea eidem ab homine eruditissimo sibi plurimum accesserit laudis. Nam bis ter quaterque eam relegens hominis ingenium haud satis demirari potuit. Scripserat autem eam ex tempore absque omni premeditacione, nocturna finita sinaxi in lectulo suo a me de somno ad hoc excitatus cum illo mane profecturus ad studium eius instigatione habitum exuerem laycalem. Fecit hoc idem scribens ad parentes meos in politiori vernacula lingwa, ita ut eius litteris prouocati facile prestarent quodcunque petisset. Laborasset eciam (haud dubito) Hegius ipse, ni inuido fato mox de medio esset sublatus, quo me alium quam commendatum exceperat veluti Socrates alterum Eschinen reddidisset. Huius meminit Trit[h]emius ipse in cronica ducum Bauarie et Jacobus [1]) noster eiusdem laudes in secunda egloga de amenitate et situ montis sancti Joannis commemorat. Viuit usque hodie in conuentu suo sexagenarius ferme, indefessum iugiter litteris studium impendens pluraque componens sub Maximiliano Imperatore et Julio 2° a° dñi quo hec conscribimus Milesimo quingentesimo nono.

---

[1]) Siberti.

Peter Slarp aus Geisenheim scheint den Entschluß des Johannes Butzbach, sich den Studien zu widmen, vorzugsweise gefördert zu haben, f. den oben ausgehobenen Abschnitt aus dem Hodoeporicon).

60. Philipp Drunck (Hauftulus).

(fol. 102.) [P]Hilippus cognomento Haustulus, natione Theotonicus, patria Largimontensis¹), ex altero parente michi germanus, Ordinis diui patris nostri Benedicti de obseruantia Cistercien conuentus Brumbacensis prope natale solum duobus fere miliaribus distantis, Adolescens sane excellentis ingenij et bonarum litterarum disciplinis apprime institutus, diuinarum quoque scripturarum (vt audio) sedulo studiosus, carmine exercitatus et prosa, quippe qui hactenus teneram etatem ingenij sui viuacitate et lucubrationis studio longe antecellens nonnulla, dum adhuc sub auspitio nostro apud Monasterium in Westphalia primis grammatices rudimentis operam nauaret, in vtroque stilo florentissimi ingenij sui sintagmata lucubrauit, quibus memoriam sui ad posteritatem transmittens haud immerito inter scriptores eclesiasticos locum sortitus est. Ex quibus huc usque dumtaxat vidi et logi, quo ante relligionis ingressum scripsit, scilicet De passione dominica ad me egregium profecto et prolixum opusculum saphico et adonico metro exaratum, quod greco vocabulo prenotauit Σταυροστυχον (so!)

Staurostychon	li. j	Oro si centum totidemque
Prologus in idem opus	epła j	Pauco nuper pro primo.
De laudibus Lacensium	li. j	O Lacus summum specimen
De casibus nostris ²)	car. j	Te piam Christi rogito pa:
In carmina f. Jacobi	car. j	Carmen quod relegis
Gratificum ad eundem	car. j	Ludere qui suctus
Ad eundem in primicias carminum	epł. j	Dudum mihi cogitanti mi
De sancta Anna	car. j	Anna quæ nostræ es genitrix
Epithome in regulam diui patris Benedicti	li. j	
De laudibus sui monasterij Brumbacensis	li. j	

Et quedam alia, ex quibus omnibus viuacis illius ingenij acumen colligitur. Viuit adhuc in prenominato coenobio nouitius bonis litteris

---

¹) Von Miltenberg am Main. Butzbach deutet diesen Namen als „milder Berg (mons pius und largus)" und nennt sich und seinen Bruder lateinisch: Piemontanus oder Largimontanus.

²) Ode sapphica de casibus Joannis Piemontani abgedruckt bei Becker, Chronica ic. S. 291 ff.

simul atque virtutibus, vt ferunt, studiosissime incumbens sub Maximiliano Imperatore et Julio papa eius nominis secundo, pro nunc eum rege Francorum et alijs quibusdam principibus contra Venetos inaudito bello mirabiliter at victoriosissime, vt fertur, preliantibus Anno scilicet dominice incarnationis quo hec scribimus Millesimo quingentesimo nono Etatis vero illius decimo nono.

Philipp, der Stiefbruder von Johannes Butzbach, wurde auf dessen Veranlassung nach Münster auf die Domschule geschickt, von wo er in den Ferien häufig das Kloster Laach aufsuchte. Sein Bruder hätte gern gesehen, daß er dort als Mönch eingetreten wäre, allein auf den bringenden Wunsch der Eltern wählt er das in der Nähe seiner Heimat gelegene Cisterzienserkloster Brombach, wo er 1510 das Gelübde ablegte. Die oben aufgezählten kleineren Werke und Gedichte finden sich unter den Handschriften des Klosters Laach in der Bonner Universitätsbibliothek (vgl. Böcking Ulr. Hutten. Opera Suppl. II S. 438 unten, S. 439 f.). Ueber die weiteren Schicksale Philipps ist uns nichts bekannt.

61. Chrysanthus, sonst Benedictus aus Münstereifel.

Crisanctus, qui et Benedictus, natione Teutonicus patria Eufiyanus ex Nouo monasterio oriundus, monachus quondam monasterij sancti Martini apud Coloniam, nunc vero huius nostri monasterij Economus, vir plane in diuinis scripturis studiosus et earum continua lectione nobiliter exercitatus, secularium quoque litterarum et omnis bone litterature artisue ingenue amantissimus ac earundem disciplinis egregie imbutus, cui ego ob hoc quam plurimum afficior, ingenio preterea subtilis et excellens et cultus, eloquio mulcens suauis atque facundus, animo sedatus grauis maturusque, moribus vita et conuersatione singulariter deuotus, Dñi Ade [1] felicis memorie quondam Abbatis sui fidelis imitator, a quo et ad istum locum pro conseruatione institute ab eodem discipline transmissus fuit, dignus profecto qui solis litteris non etiam curis temporalium rerum incumberet, multa lectione digna componeret. Comportauit et scripsit iubente Thoma priore suo [2] pro eruditione juniorum fratrum quorum tunc institutor erat ex Isidoro et diuersis alijs auctoribus opus sane

---

[1] Abt Adam (Mayer) von St. Martin in Köln.
[2] Thomas von Wied, Prior zu Laach, wurde durch Abt Adam von St. Martin als Beichtvater in das Nonnenkloster Rolandswerth versetzt, über welches Adam gleichfalls zum Visitator bestellt war, um die s. g. Bursfelder Reformation einzuführen. Nach dem Tode Simons von der Leyen wurde Thomas Abt von Laach (1512—1530).

pulcherrimum de omni scibili in modum tabule siue figure duplici alphabeto subtilissime exaratum et Aleydi monasterij insule Rolandi sanctimoniali virgini [1]), cuius in litteris humanitatis instructor erat, dedicatum, cui postea Jacobus Siberti Conterraneus eius, cuius infra mentionem agemus, ad iussum meum multa adijciens in longum amplificauit augmentauitque atque in sex libros multiplicauit. Voluit idem opusculum suum, quoniam de omni scibili tractat, greco vocabulo prenotari Panepistemon   li. 1   Omnis ars siue scientia
Ad eandem virginem de modo
    epistolandi   li. i   Quod a me exigis
Ad diuersos cultissime epistole pl'
Sermones de tempore per anni circulum et de passione domini habentur eiusdem. Et alia quedam.

Habet modo sub manibus imperfectum adhuc opus, ut ayt, de omnibus monasterij nostri censibus atque redditibus ac cunctis appendicijs et attinentibus rerum temporalium substantijs. Viuit adhuc in officio Marthe constitutus Annos natus Quadraginta sub Maximiliano Imperatore et Julio papa.

Chrysanthus von Münstereifel war bereits 8 Jahre im Kloster St. Martin zu Köln gewesen, als ihn der Abt desselben Abam Mayer nach dem Kloster Laach versetzte, mit dessen Visitation behufs Einführung der Bursfelder Reformation Abam beauftragt war. Hier bekleidete Chrysanthus eine Zeitlang die Stelle eines Novizenmeisters, in welcher er das oben erwähnte Werk, Panepistemon betitelt, verfaßte. Es war eine kurze encyklopädische Uebersicht der Wissenschaften für die jungen Mönche, welche Jacob Siberti später auf den Wunsch des Johannes Bußbach erweiterte. Kurz vor dem Eintritt des letzteren war Chrysanthus zum Kellner (Oeconom) des Klosters bestellt worden, und arbeitete als solcher, wie oben angegeben wird, an einem Zins- und Rentenbuch der Abtei. Es gehörte nämlich mit zu der Aufgabe der reformierten Klöster, auch das zerrüttete Finanzwesen von Neuem zu regeln und durch sorgfältige Führung und Ergänzung der Güter- und Einnahme-Verzeichnisse die weitere Entfremdung des Klostergutes zu verhindern, ja womöglich früher Entfrembetes wieder zurück zu gewinnen.

---

[1]) Aleidis Raiskop aus Goch, Nonne in Rolandswerth, war Verfasserin mehrerer lateinischer Schriften, deren eleganter Stil gerühmt wird. Bußbach widmete ihr ein, noch erhaltenes Carmen panegyricon. Derselbe bedicierte ihr auch sein Werk „de illustribus seu studiosis doctisque mulieribus."

Epimetrum.
Späne zur deutschen Literaturgeschichte aus Butzbachs Auctarium.

Das Vorbild Butzbachs, der von ihm und seiner ganzen Zeit als Wunder der Gelehrsamkeit angestaunte Abt Johannes Trithemius[1]), hat in seinen beiden Werken, dem früheren de scriptoribus ecclesiasticis, welches Butzbach durch das Auctarium ergänzte, und dem Catalogus illustrium virorum Germaniam suis ingeniis et lucubrationibus omnifariam exornantibus auch manche auf die deutsche Literatur=Geschichte bezügliche Notiz aufgenommen. So ist er z. B. der erste, welcher des Weißenburger Mönchs Otfrid und seines Evangelienbuches gedenkt. Ueberhaupt beweisen seine historischen Werke, wie de origine Francorum compendium, daß er bei der Beschäftigung mit den antiken Classikern sich auch den Sinn für das vaterländische Alterthum bewahrte. Vgl. R. v. Raumer, Geschichte der Germanischen Philologie S. 15. In dieser Beziehung folgt ihm Johannes Butzbach in dem Auctarium. Daß er aus Beda einen längeren Auszug über Caedmon gibt und dessen angelsächsische Bearbeitungen der biblischen Geschichte, kann zugleich aus seinem Streben hergeleitet werden, den Glanz des Benedictinerordens zu erhöhen; denn er betrachtet Caedmon als Glied desselben. Aber selbst die niedern Sphären der poetischen Literatur seiner eignen Zeit vergißt Butzbach nicht hier und da im Auctarium zu berühren, namentlich wenn eine gewisse religiöse Tendenz in denselben zu Tage tritt. Von besonderem Interesse ist sein Artikel über den Elsäßer Johannes Fabri (fol. 106a), den ich hier folgen lasse:

[I]Ohannes Fabri, Natione Teutonicus, de Alzatia oriundus, homo seculare litterature gnarus et artium magister apud Heidelbergense gimnasium promotus, ingenio acutus, sermone promptus et clarus, musicus quoque insignis et componista barbaralecticorum id est ex vernacula latinaque lingwa compositorum opusculorum famosus. Scripsit aliquas ingenij sui barbaralexes, quibus de prouintia in prouintiam instar scurre transiens auditores suos mirabiliter dicterizando atque ad luttinum carmina quedam de deo de passione Christi et de alijs deuote a se composita pulchre decantando oblectat et mouit. E quibus dudum, dum hic pro nouitio quodam cuiusdam patrie sue nobilis viri filio reuocando aduentasset, subiecta recitauit

---

[1]) Trithemius führte seinen Namen von dem Geburtsorte, dem Dorf Trittenheim im Trierschen. Im Lateinischen, Griechischen und Hebräischen von den bedeutendsten Meistern seiner Zeit unterrichtet (z. B. von Reuchlin), trat er in das Benedictiner-Kloster zu Sponheim, dessen Abt er 1483 wurde. Seit 1506 war er Abt des Klosters St. Jakob zu Würzburg. Er starb 1516.

De planctu ecclesie   li. j   Celum terra maria etc.
De statu mundi   li. j
Et alia multa carmina vernacula lingwa pulchra melodia composita, vt est illud Ich bin eyn componist etc. vnd Es ley ..[1]) eyn schloß in himelreych sub nota illa eyn scholtes in einem dorffeñ sas etc. Et alia similia multa, que per singula annotare longum foret nec hoc etiam est nostri propositi. Viuit adhuc 159 [d. i. 1509].

Johannes Fabri, ein Deutscher aus dem Elsaß, in der weltlichen Literatur erfahren und in Heidelberg zum Magister der freien Künste promoviert, von scharfsinnigem Geiste, gewandt und klar im Ausdruck, auch ein ausgezeichneter Musiker und als Componist (?) von barbaralectica b. h. von kleinen aus lateinischen und deutschen Versen zusammengesetzten Gedichten bekannt. Er schrieb auch einige barbaralexes von eigener Erfindung, mit denen er von Land zu Land wie ein Bänkelsänger herumzieht und durch wunderbare Scherzgedichte, sowie dadurch, daß er etliche fromme, von ihm verfaßte Lieder über das Leiden Christi und andere Gegenstände zur Laute schön absingt, die Zuhörer ergetzt und rührt. Von diesen hat er kürzlich, als er hier [nämlich im Kloster Laach] ankam, um einen Novizen, den Sohn eines vornehmen Mannes aus seiner Heimat, zurückzuholen, die folgenden, vorgetragen:
Ueber das Wehklagen der Kirche. Anfang: Coelum terra maria etc. Ueber den Zustand der Welt, und viele andere Gedichte in der Muttersprache, auf schöne Melodien verfaßt, z. B. Ich bin ein Componist und Es leit ein Schloß in Himmelreich, nach der bekannten Melodie: Ein Scholtes in einem Dorfen saß ꝛc. und viele andere ähnliche, die einzeln aufzuzählen mich zu weit führen würde und auch nicht in meiner Absicht liegt. Er lebte noch 1509.

Ein M. Johannes Fabri de Werdea hat um 1500 in Leipzig (bei Martin Landsberg) Proverbia metrica et vulgariter rytmisata herausgegeben, von welchen Goedeke bemerkt, daß sie mehr Sprüche als Sprichwörter seien. Wenn dieses derselbe ist, wie der von Bußbach genannte Fabri, dann könnte sein Geburtsort vielleicht das durch die Schlacht von 1870 berühmt gewordene Wörth sein.

Die lateinisch-deutsche Mischpoesie wurde vom 13.—16. Jahrhundert vielfach zu kleineren Scherzgedichten meist lasciver und skoptischer Art verwendet. Doch finden sich auch einzelne ernsthafte Gedichte von dieser Gattung, wie das geistliche Lied In dulci iubilo und das Gedicht des Felix Hämmerlein gegen die Sittenlosigkeit des Clerus. Den letzteren

---

[1]) Die beiden letzten Buchstaben scheinen ff zu sein. Offenbar muß es heißen: leit.

Charakter scheinen auch die Lieder des Johannes Fabri an sich getragen zu haben, wennschon der Umstand, daß er gleich den fahrenden Clerikern und Musikanten herumzog, uns einigermaßen bedenklich machen muß. Jedesfalls hat er im Kloster zu Laach vor den ehrwürdigen Benedictinern nur ernsthafte Gedichte mit religiöser Tendenz vorgetragen.

Fabri war in Heidelberg zum Magister promoviert; dort blühte überhaupt gegen das Ende des 15. und zu Anfang des 16. Jahrhunderts die barbaralektische Dichtung und wurde namentlich auch zu Spottgedichten gegen den Clerus und dessen Laster angewendet. Bußbach stellt fol. 83 eine Anzahl Männer zusammen, welche in dieser Richtung thätig waren.

[I] O a n n e s S p y s e r [1]), natione Teutonicus patria Forhemensis, artium professor Heydelbergensis, homo in litteris humanitatis liberaliter instructus et diuinarum non ignarus scripturarum, ingenio acutus et eloquio clarus, metro excellens et prosa, scripsit quedam iucunde lectionis sintagmata, quibus se lectoribus suis celebrem fecit, de quibus feruntur Variorum carminum li. j Et alia quedam. Legi eius carmen instructissimum in laudem Libanij epistolatoris. Viuit adhuc studijs humanitatis inherens et plura conscribens 159.

[S] A m u e l ex monte rutilo, liberalium artium apud Heydelbergam professor insignis, ingenio subtilis et eloquio facetus, ligata oratione [com]petenter exercitatus atque soluta, scripsit vtraque

Johannes Spyser, ein Deutscher aus Forchheim, Professor der freien Künste in Heidelberg, in den Humanitätswissenschaften unterrichtet und nicht unbewandert in den h. Schriften, scharfsinnig von Geist und klar im Ausdruck, ausgezeichnet als Dichter und Prosaiker; er schrieb mehrere Werke, die angenehm zur Lectüre sind und wodurch er sich seinen Lesern empfohlen hat. Darunter werden aufgeführt Gedichte manigfaches Inhalts ein Buch und einiges andere. Ich habe ein sehr gelehrtes Gedicht desselben zum Lob des Libanius gelesen. Er lebt den Humanitätsstudien ergeben und noch mehr schreibend, 1509.

Samuel von Lichtenberg, ausgezeichneter Professor der freien Künste in Heidelberg, scharfsinnig und witzig, in gebundener und ungebundener Rede ausreichend geübt, schrieb in beiden Stilgattungen einige

---

[1]) Aus der biographischen Skizze selbst geht zwar nicht hervor, daß Johannes Spiser unter die Verfasser von barbaralexes gehöre; allein nach der Notiz bei Ludwig Hohenwang muß er doch dahin gerechnet werden.

[2]) In einem Codex der Gothaer Bibliothek findet sich ein Dialogus Samuel Hanoch ex monte rutilo inter virum adolescentem et virginem, an dessen Ende steht: Explicit dictamen Samuelis ex Lichtenburck australi.

nonnulla ingeniosa sintagmata, quibus nomen suum longe lateque diuulgauit. De quibus nil adhuc vidi preter barbaralexim quandam contra indiscretos amatores ¹). Miror hominis petulantiam, quod nobile ingenij donum tam vilibus leuibusque studijs accomodat. Audio eum tamen nobiliora quedam scripsisse, quibus priorem leuitatem debitam grauitatem (so!) honestius recompenset 159. .

Ludowicus Hohevang, natione Teutonicus, predictorum socius et familiaris in leuitatis studijs, ingenio potens et eloquio, scripsit inter cetera lucubrationis sue primordia apud Heidelbergam adhuc in studio constitutus barbaralecticum quoddam carmen, id est latina vernaculaque lingwa rithmatice compositum, in quo iucunde per yroniam clerum luxuriosum subsannat, ostendens exemplo de quodam fatuo ludimagistro, qui fraudulenter a meretrice quadam deceptus et infatuatus fuit, qualiter techno vitande sint mulierum, quia carundem amor inquietum instabilem et penitus stultum facit. Viuere adhuc eum auttumo studijs liberalibus deditum 159.

geistreiche Werke, durch welche er seinen Namen weithin bekannt gemacht hat. Von diesen habe ich bis jetzt nichts gesehen, als eine barbaralexis gegen die „inbiscreten" ²) Liebhaber. Ich wundere mich über die Frivolität des Mannes, daß er seine edele Geistesgabe zu so niedrigen und leichtfertigen Beschäftigungen hergibt. Doch höre ich, daß er einiges Edlere geschrieben hat, worin er die frühere Leichtfertigkeit durch geziemenden Ernst in ehrenvollerer Weise wieder gut macht 1509.

Ludwig Hohenwang, ein Deutscher, Genosse und Vertrauter der vorhingenannten in ihren leichtfertigen Beschäftigungen, geistreich und redegewandt, schrieb unter anderen Anfangswerken in Heidelberg, als er noch studierte, ein barbaralektisches Gedicht d. h. ein aus lateinischen und griechischen Versen zusammengesetztes, in welchem er ganz anmuthig in ironischer Weise den üppigen Clerus verhöhnt, indem er an dem Beispiel eines albernen Schulmeisters, der von einer liederlichen Dirne auf betrügerische Art getäuscht und bethört worden ist, zeigt, wie man die Kunstgriffe der Weiber vermeiden muß, weil die Liebe zu denselben unruhig, unstät und ganz und gar thöricht macht. Ich glaube er lebt noch, dem Studium der Wissenschaften ergeben, 1509.

---

¹) Eine Barbaralexis Samuelis ex monte rutilo in discretos procos findet sich in Iacobi Hartlibi Quaestio de fide meretricum (wieder abgedruckt bei Zarncke die deutschen Universitäten im MA. S. 84).

²) Das Wort discretus bedeutet nach den Glossarien des 15. Jahrh. = bescheiden (d. h. einsichtig, verständig, mäßig), wise (weise) und zuhtic (züchtig).

<table>
<tr><td>

[J]Acobus Hartlich (so!), natione Teutonicus patria Landoiensis, artium liberalium magister insignis, qui multis iam annis in Heydelbergensi gimnasio humanitatis litteras legendo publice professus est, philosophus et orator haud infime estimationis, prosa metroque exercitatus, scripsit plura professionis sue opuscula, quibus se presentibus notum reddidit et futuris, sed nil eorum vidi preter De fide meretricum li. j Viuit adhuc et plura componit quandoque emergenda sub Maximiliano.

</td><td>

Jakob Hartlieb, ein Deutscher aus Landau, ein ausgezeichneter Magister der freien Künste, der schon viele Jahre in Heidelberg die Humanitäts-Wissenschaften öffentlich vorträgt, ein Philosoph und Redner, der in nicht geringer Achtung steht, in Prosa und Poesie geübt, schrieb mehrere Werke aus seinem Fache, durch welche er sich den Lebenden und der Nachwelt bekannt gemacht hat, aber ich habe nichts davon gesehen, außer: Ueber die Treue der Buhldirnen. 1 Buch. Er lebt und verfaßt noch mehr, was später einmal herauskommen soll, unter Maximilian.

</td></tr>
</table>

Die von Hartlieb mitgetheilte Schrift war eine Rede desselben bei einer in Heidelberg in den neunziger Jahren des 15. Jahrhunderts abgehaltenen disputatio quodlibetica. Eine solche Disputation wurde an mehreren Universitäten jährlich einmal abgehalten, und es hatte dabei der präsidierende Magister, mit einer geringen Unterbrechung, einen ganzen Tag lang Antwort zu stehen, und zwar über alles mögliche (de quolibet, daher der Name). An manchen Orten pflegte man, namentlich gegen das Ende, um die Abspannung der Theilnehmer zu verhüten, scherzhafte Reden einzuschieben, welche man im Gegensatz zu den ernsteren Partien der Disputation quaestiones minus principales, accessoriae oder auch quodlibeticae nannten. Eine solche war:

De fide meretricum in suos amatores. quaestio minus principalis urbanitatis et facetiae causa in fine quodlibeti Heidelbergensis determinata a magistro Jacobo Hartlieb Landoiensis.

Bei derselben Gelegenheit hielt Paulus Olearius eine Rede de fide concubinarum in sacerdotes. Beide wurden durch Ludwig Hohenwang in Ulm gedruckt. Vgl. Zarncke in Zeitschrift für deutsches Alterthum IX S. 119 ff.

Namensregister.

A.

Aachen, Peter von, s. Gymnich.
Aedicolius, s. Edicolius.
Aesticampianus, s. Sommerfeld.
Agricola, Rudolf 24.
Alberti, Philipp 48.
Amersfoort, Heinrich von, 35.
Aquensis, Peter, s. Gymnich.
Bessel, Balduin 18 f.
Buschius, Hermann 26, 53.
Butzbach, Joh. 5 f., 7 ff.
Caesarius, Joh. 36.
Calcar, Gilbert von, 37.
Candelarii, Gotfried 49.
Cantor, Andreas 66.
Cantor, Jakob 48, 66.
Cantor, Johannes 65.
Cantor, Ursula 67.
Chrysanthus, 72.
Cochem, Eberhard in 50.
Corvello, Joh. 49.
Dalberg, Joh. 24.
Drunck, Philipp, s. Haustulus.
Edicolius, Heinrich 56.
Edicolius, Joh. 55.
Edicolius, Servatius 56.
Einhorn, Heinrich 47.
Emmerich, Heinrich von, 40.
Erasmus, Desiderius 24.
Fabri, Jakob 27, 30, 33.
Fredis, Gerhard 41.
Fritzlar, Konrad von, s. Fürßlarie.
Fürßlarie, Konrad 42.
Gauda, Jakob von, 35.
Geck, Heinrich 68.
Gotfried, M. 10.
Göttingen, Balthasar von, 42.
Grevenbroich, Bartholomäus von, 50.
Gymnich, Peter 53.
Haustulus, Phil. 27, 71.
Hegius, Alex. 7, 22 ff., 30 ff.
Hering, Ludolf 56.
Hildesheim, Arnold von, 37.
Hobing, Michael 24 f., 40.
Husichen, Joh. 56 f.
Jude, Joh. 51.
Kemener, Timann 57 ff.
Kitzingen, Paul von, 42.
Köln, Bartholomäus von, 10 ff.
Leyen, Adam v. d., 13, 15, 17.
Leyen, Christina v. d., 16 f.
Leyen, Georg v. d., 13, 16.
Leyen, Simon v. d., 13, 16, 18.
Liber, Anton 59.
Licinius, Cornelius 47.
Lucilius, Joh. Ant., 48.
Luenack, Andreas von, 52.
Neuss, Hieronymus von, 43.
Neuss, Philipp von, s. Alberti.
Neuss, Rutger von, 43.
Oberwesel, Peter von, 44.
Ostendorp, Joh. 13 f., 32 f.
Peringius, Joh. 62.
Picardus, Marcus 46.
Ravennas, Peter 45 f.
Reiland, Peter von, 68.
Rodenberg, Martin von, 44.
Savonarola, Hieronymus 69.
Siberti, Jakob 5 f., 38 f.
Sinden, Joh. 34.
Slarp, Peter 7, 69 ff.

Sommerfeld, Joh. 68.
Synthis, s. Sinden.
Systrop, Gerhard 51.
Tanger, Walther 67.
Tegeder, Bernhard 63.
Tongern, Arnold von, 52.
Tunicius, Anton 63 f.

Unicornius, s. Einhorn.
Venradt, Joh. von, 10.
Venradt, Lambert von, 37.
Vespucci, Amerigo 69.
Wesel, Peter von, s. Einhorn.
Wilich, Quirinus 45.
Zwivel, Dietrich 64 f.

B.

Nach den Vornamen.

Adam v. d. Leyen.
Alexander Hegius.
Amerigo Vespucci.
Andreas Cantor, von Luenack.
Anton Liber, Lucilius, Tunicius.
Arnold von Hildesheim, von Tongern.
Balduin Bessel.
Balthasar von Göttingen.
Bartholomäus von Grevenbroich, von Köln, von Moers.
Bernhard Tegeder.
Christina v. d. Leyen.
Cornelius Licinius.
Dietrich Zwivel.
Eberhard in Cochem.
Georg v. d. Leyen.
Gerhard Fredis, von Systrop.
Gilbert von Calcar.
Gotfried Candelarii.
Heinrich von Amersfoort, Edicolius, Einhorn (Monoceros) oder von Wesel, von Emmerich, Geck.
Hermann Buschius.
Hieronymus von Neuss, Savonarola.
Jakob Cantor, Fabri, von Gauda, Montanus, Siberti.

Johannes Butzbach, Caesarius, Cantor, Corvello, Dalberg, Edicolius, Husichen, Jude, Lucilius, Murmellius, Ostendorp, Poringius, Sinden oder Synthis, Sommerfeld, von Venradt.
Konrad Fürßlarie (von Fritzlar?)
Lambert von Venradt.
Ludolf Hering.
Marcus Picardus.
Martin von Rodenberg.
Michael Hobing.
Paul von Kitzingen.
Peter von Aachen (Aquensis) oder Gymnich, von Oberwesel, Ravennas, von Reiland, Slarp.
Philipp Alberti von Neuss, Drunck oder Haustulus.
Quirinus Wilich.
Rudolf Agricola.
Rutger Neuss.
Servatius Edicolius.
Simon v. d. Leyen.
Timann Kemener.
Ursula Cantor.
Walther Tanger.

S. 230, 3. 16 von oben lies: der letzte von seinen kleinen Aufsätzen.